덕천강의 노래

덕천강의 노래

윤석기 유고시집

드는 말

달개비 연보라 꽃잎같이 떠돌다 말문 닫는
그들을 보면 난 행복하게 추스리질 못했다
허나 씁쓰레한 열매 파먹자 할 사람 있기에
우리네 할아버지가 팽이처럼 돌아돌아 간 이야기
막무가내 새겨진 아버지의 허기진 나이테
차츰 나에게 떠밀린 그저 그런 낡은 어둠
선반 위에 덮어두지 말자는 거다
눈 감으면 선히게 뿌리내린 땅 냄새
가슴에 응어리진 애매한 그리움까지
부글거리는 결을 알아차리게 하자
누가 재차 말문을 열면
휘청 한 점 울먹임이 도려져 나온다
지금까지 똑바로 분칠하지 못한 언어의 헐떡임
그 억척스런 살내음 때문일까.
강변 모래밭에 오이 고추 모종 놓아

막내 학비 부쳐주신 어머님, 형님 내외 분께
이 시집을 드린다.

1995년 여름
부산 성분도병원에서
윤석기

차 례

드는 말 ——————————— 4

1부 덕천강의 노래

<장편서사시>

덕천강의 노래 1 ——————————— 13
덕천강의 노래 45 ——————————— 63

2부 그대 잠든 산마루턱에 비는 내리고

겨울 산행 ——————————— 67
그것만이 나의 것 ——————————— 68
쏘 ——————————— 70
공동묘지에서 ——————————— 71
도시 뒤안의 여인들 ——————————— 72

반쪽 인생, 오솔길로	74
바람의 아들 1	75
바람의 아들 2	76
바람의 아들 3	77
바람의 아들 4	78
하나의 별을 기다리며	79
풀빛, 그 허방	80
어머니 당신의 아들은	83
이제 더 이상 머물 수 없어	84
한글날만 되면	86
이 비좁은 공간	88
가난한 밤	90
어제 그대로 바닷물은 채워진다	92
겨울 일기	94
간이역에서	95
내 방랑의 길목에서	96
대금산조를 들으면	98
남의 말	100
내가 죽어 화석이 될지	101
3월의 정원 – 내 집 찾기	102
도라 오피에서	106

死日 —————————————————— 108
어느새 발자국 하나가 ———————— 110
아버지 산소를 돌아보며 ——————— 112
시어 만들기 ————————————— 115
움 ————————————————— 116
채색 시대 —————————————— 117
장승이시여 당신은 알 것 이외다 ———— 118
저문 날 돌아보며 ——————————— 120
장씨 어른 —————————————— 125
統一의 길 ————————————— 126
이 땅에 내린 봄 ——————————— 128
그리고 부서진 꿈에 관하여 —————— 130
그대 잠든 산마루턱에 비는 내리고 —— 132
서포 가는 길 ———————————— 133
그댄 떠나가도 난 떠날 곳 없다네 ——— 136
이방인의 꿈 ————————————— 140
그 해, 스물다섯 ——————————— 142
운명 그리고 헐직한 생존들 —————— 143

끝말 | 손익태 시인 ————————— 145
윤석기 연보 ———————————— 153

- **일러두기**

  페이지의 첫줄이 연과 연 사이의 띄어쓰기 줄에 해당할 경우 >로 표시합니다.

1부
덕천강의 노래
〈장편서사시〉

덕천강의 노래

하나

내 어린 날
갈대밭과 석양
농부들의 땅과
물 건너던 나룻터의
억센 그리움 데불고
덕천강에 왔다

강은 그 곳에 있었다
남해안과 지리산을 맞대고
끝자락 안개 속에 드리운 채
아직도 조용히 맥박 띄고 있었다

생그란 눈빛

옛날 그대로가 아니었다
새파랗게 멍들어 있었다

그리움,
어린 날의 벅찬 그리움
잔등 돌린 말없는 그리움 앞에
자꾸만 소주잔이 흔들렸다

둘

잎새가 물들기 시작하는 철이면
언제나 봄바람이 생각난다
뜯긴 품 안에 어설픈 3월의
혼령들이 다시 깨어나
노래를 믿기 때문일 게다
봄에 알을 낳고 새끼 치던 종달새
하늘과 땅의 경계 지우듯
제 몸에서 생긴 물이 결국
제 몸으로 되돌아가
잠 깨면 사색의 푸른 땅 밑으로

잔뿌리 대며 산다는 걸 안다

배신당한 자신 앞에서

사시사철 속은 듯

미처 피할새도 없이 바람에 쓸리고

산산이 깨어지는 가벼운 비밀

뭔가를 위해 망측하게

싱싱한 체액을 퍼 올리며

막무가내 봄이 쳐들어온다는 걸

삭고 삭은 만큼 믿게 돼

셋

지금 두인보洑의 유래 말하는 사람

아무도 없다

아니 부풀려 할퀴지 않으려는 것일 게다

보洑는 갈수록 원초적 견고함을 잃어

강 복판 따라 갈리어진 허연 질식의 물보라도

부르튼 저 어둠 멀리 죽어도 다시 무덤에서 살아

살아서 뒤척이는 그들이 못견디게 그리워 울고 있다

경술국치 원년,

기름진 호남쌀 왜놈 식량 위해
보洑 공사 추진되어
희뿌연 새벽부터 애기별 뻗어나올 때까지
쎄빠지게 채알 캐고 등짐 졌지만
막상 완공이 눈앞에 어른거리자

빌붙은 일본놈 헛기침 컥컥 토하며
논뙈기 긁어모으니 눌린 가슴은 홧병 들어
도롱태 돌아가듯 서러움만 차올라
그러나 세상을 아름답게 들쳐 매기 위하여
자맥질하던 아이들에게 일러주지 않았단다
강변에 펼쳐진 대숲 어딘가 아이들은
소화원년의 기념시수 그 치욕 알지 못한다
할아버지,
비로봉에 얼어붙어 아직도 가슴 쪼개고 있는
저 혼령 거두어 공동묘지로 돌려 보내야지요
죽지 않은 고통과 되살아나는 오열 묻어 둔 채
야윈 밤에도 떠는 두인보의 불편함은
어떻게 해야 됩니까

넷

창가 바람은 연두빛
과일 달린 포동한 가지마다
은혜 가득 뛰놀던 당신의 햇살
빛나는 슬기
설레인 행진으로
기쁨을 따던 날
무척이나 이슬은 많이 나려
떼까치도 속푸른 목청 고른다

받쳐 든 깨끗한 손
몇 사람 몇 발자국
똑똑 단물 고이듯
환한 당신의 자손 멈춰 설 때
한 알 고운 과일을 선사하리
당신의 꽃잎 닦던 눈빛
가끔 방목한 가슴에 쓸어모아
살결 고운 새로움에 비비면
그토록 빛난 유산 당신의
소중한 불씨를 당긴다

다섯

그리움의 빛깔은 파란색
창가 스치는 안개도 같은 그리움
저 눈부심 너무나 절실히 끌어안고
뭉클하게 머리를 빗어 넘긴다
새싹 춤추는 청순한 속닥임 있기에
어제의 허드레한 숙취 말끔히 쓸어모아
이젠 뭔가 차분히 시작해야 한다

적어도 잠들기 전까지
숱한 매듭의 끈들이 꼬여져
대부분 머리맡에 산발해 있었다
그러나 오늘 이 아침에
그리움의 빛깔도
창가 스치는 안개도
갈씬거리는 파란색이야

여섯

어젯밤 덮고 누웠던 이불 개는 그런 평범한 아침
밤 깊도록 재워둔 몽땅 담배 물고
어수선하게 널린 성냥개비 그으면
싯퍼런 번민은 불거지고
새벽까지 일구어 온 노정에
쓰다 남긴 백원짜리 동전 몇 개
헐렁한 내 주머니의 유일한 재산
어제 구석에 몰아붙인 옷 걸쳐 괭이 메고
저 갈대 어지러운 언덕길 오르면
진눈개비가 하루내 몰고 간다

일곱

바람 냄새 싱싱한 덕천강에 서면
늘어진 옥수수잎이 되고 만다
언덕배기의 그리움 가물가물하여
슬쩍 경운기 자국 따라 들리면
뫼이 짐짓 되뇌이는 말투

"들판은 어쩐지 시인에게
길들어진 역겨운 글재주
화가의 그림 속으로 빨려든
거름내 나는 풍경뿐"이란다

여덟

평생 온몸 뒹굴며 살아온 들판에
묻어 둔 버릇은 새록새록 숨쉬나
강밭 따라 쟁기질하던 가족 그림자
위대한 대물림에 얼핏 배고프다 한다

침묵으로 일관하며 온통 따가운 행랑살이
땀에 절어 내림굿 돋구던 새벽 강도
난감하게 무너진다

깜부기의 홀씨는 행선지도 없이
밤마다 하나씩 잃어버리는 꿈을 꾸게 되건만
사라져 가는 것들을 위하여
이젠 아무도 새끼 꼬려 들지 않는다

아홉

이 강을 달려가면 남명*을 만날 수 있을까
풋성기 조차 살벌한 현실에서 밀려나면 날수록
미래에 대하여 제시하는 농민들의 시절 탐험
물러 설 수도 돌아 설 수도 없는 새까만 밤

간혹 쇠비름이 마른기침 들볶는 들판에
즐겁게 출랑대는 미꾸라지나 메기가 있다면
거기 멈춰있는 시간만큼 파랗게 눈 뜬
속주머니에 수천의 그리움이 새록할 게다

허나 자고 일어나면 벌써 꽃피는 철이
다 지나고 처마 밑 제비집도 비어있다
여름내내 보낸 불면의 시간과 눅눅한 신문활자들
더 깊이 내려앉는 호박넝쿨을 위하여
서툰 솜씨로 몇 개의 음절이나 훔쳐 낼는지

한 개비 담배불의 소리없는 긴장
새벽강 안개를 밀치고 다시 한번
이 강을 달려가면 멀미하는 현실 그 너머

무관의 남명을 만날 수 있을까

* 남명 조식 선생(1501-1572): 무관의 벼슬로 덕천강의 상류, 지리산 산청 시천면 덕천서원에서 평생 후학 양성하며 생을 마치셨다

열

밤 열한 시 십 분, 삼등 칸
찌릿한 화장실 지나 객실에 들어서면
멋대로 나자빠져 코 고는 시체는
끼리끼리 엉킨 달리는 꽃상여
숨 한번 터놓고 몰아쉬지도 못할
몸살 치댈 납골당 찾아가는데
그들의 이마에 어떤 생각이 새겨져 있을까

새벽이 올 때까지
낯선 사람들이 찾아갈 자리는 어디에도 없다
여전히 자리 메꾸지 못할 품팔이
절망 사이에 바람 맞아도
언제 또다시 갈지도 모를 고향 미련에

쉽사리 마지막 정을 지치도록 파먹지 못한다
다만 넋만은 언젠가 또다시
앞산 무지개 같이 아침이슬 같이
혼례 날의 신성함 기다리듯이
풀린 땅에 돌아가야 할 질긴 미련 하나

열하나

잘 익은 앵두나무 뭉게구름으로 걸려있다
하나 둘 다갈색 포석으로 모여들면
한철 마지막 시름조차 기다리기 아득하여
어머니는 엉겁결에 굽은 잔등 펴시고
해그름 방천둑 향하여 쭈빗쭈빗 나서시겠지

헤어짐은 힘들지 않지만 가난이 고통이라며
벌써 오래전 다들 한 웅큼 흙덩이 간직한 채
유랑의 몸으로 쫓기고 쫓겨 걸죽한 그리움 버리고
도회지 산동네 제멋대로 지은 가건물
온통 토담돌처럼 달라붙어 뜬세상 물결 위로
여러 해 뜀박질하는 사이 어두운 유원지에서

돈 몇 푼은 막걸리 통에 거들나
곤드레만드레 졸음으로 바싹거린다

마을 앞 강변 심어둔 버드나무
사철 푸른 메아리로 까마득히 웅얼거리는 건
흙에 숨긴 간지러운 씨앗의 발아 때문인가

열둘

새파랗게 바람부는 대장간의 불꽃
두 갈래 어둠 앞에 쓰러져 갈 때
소주와 함께 애비도 말없이 쓰러지셨다
난 언젠가
발광하던 애비의 서푼짜리 쟁이 고집
그 그리움 덮친 덕분에 고개들어 거부 못하고
가장 똑똑한 놈 같은 얍삽함으로
그리움은 그리움을 뺏고 나의 나를 뺏아
끊지 못할 악연 알뜰히 지키듯 했다
갈수록 밀려나는 애비의 몸부림에
흔들리는 서른 그 끝자리에서

허전한 꿈자리 사랑 아닌 사랑으로
참 많이도 괴로워 했다

껄끄러운 내 빈손 더욱 두런거리자
결국 헛살았다는 느낌
그 헛삶까지 마음을 돌이키어
길 잃은 발자국 뒤로 출생의 풍경
끝내 벌채해 버렸다
내 것인 꽃잎 몇 개는 무얼 원했을까
이 땅에 사는 작은 걸음조차
알싸한 유산의 깊이를 자신의
깊이만큼 그늘지게 낚아채는 건
덕천강아
정녕 자신을 잠재운 저대로의 몰락일까

열셋 — 오라오라 노랭이 꿈이여

바람이 난다 바람이
느지막한 저녁 갈대숲 속에서
저 멀리 훼진 문지방으로

패대기 처진 설움 잠재우고

구름이 구른다 구름이
뿌연 새벽 가잿골 산모롱이에
부스스 잠 깨 소 먹이는 고지기 어깨춤 지나
밀려난 누렁이소 귀 막고자

비가 쓰러진다. 비가
동으로 동으로 뻗은 강줄기에서
늘 바라보며 차츰 무너져간 마당 배미로
온 가슴 칭칭 감아버린 오랏줄 풀고자

눈이 깔린다. 눈이
밤마다 간곡히 기도드리던 은하수에서
고약한 냄새 풍기는 촌구석으로
새해엔 절름발이 집 곡식이나 풍성하게끔

열넷

저 강에 가면

안개 삼킨 저 강에 가면
해맑은 웃음 던지는 생명의 노래
못다 한 노래 애달파 하며
때깔 고움 속으로
잠든 그네들의 그리움 도려내 지키기 위해
골 깊은 가슴 영근 허열 저 너머
물빛 그대로의 살결이여

때로 악도 써보렴만 결코
무듬듬 치마폭 날리우며
그냥 후진 쎄레질만 할까나
분홍빛 그리움 뒤에서

열다섯

치켜든 장고채에
투박하도록 인정미 넘치는 숨결
부둥켜안고 설렁설렁 내리치면
대번에 어느 장인의 으스름 향취가
숱하게 고향 산천 헤매이는

거리낌 없이 부서지는 새색시 인정이구려
통-딱닥 통-딱

질긴 욕망에 빛바랜
파렴치한 인간들아 보게나
엄마품에 포근히 잠자는 아가도
쌩긋이 눈웃음 짓고
굴욕에 멍든 장서방의 가슴에도
제 흥에 너울너울
저 담백한 춤사위 좀 보소
통-딱닥 통-딱

잔잔한 호수에 물결이 살랑이듯
곱디곱게 몸단장하여
허리춤에 비껴 매고
순풍에 휘말려 돌아가는
저기 저 장고와 하나되어
얼싸 좋다 한바탕 놀아보세
통-딱닥 통-딱

열여섯

한때 밤마다 색도랑에 여인의
몸 씻는 소리
헛헛한 바람에 애호박 진물 앗아가듯
유년의 날들은 그림일기 속에서 습속 씻어 말려나고
시골 정한도 퍼떡 남루한 현실 뛰어넘기 시작했다

변하지 않는 중심이 없듯이 모래무지는 날쌔지고
붉게 타들어 가는 고추도
앙칼지게 톡톡 코를 쏘지 않는구나

죄 없는 것들은 보호색 띠고
억세게들 살아가는데 그는 떠밀리는 속도만큼
등을 부벼 진득하게 그리움 데우고
입이 얼도록 여전히 봉숭아물 들인 젖가슴 뜯어 먹으며
숨겨둔 고백 찾아 자꾸만 대숲으로 밀려 간다

열일곱

가랑비 내리면 가슴 저편 신트림 일어나
잠 못들어 하는 모든 이를 위하여
눈망울 가득 버들치랑 탱사리를 빌려 주자
신열 들 뜬 세월 어디에나 허방을 놓고
할 일 없이 마음에 고향 풍정 벌채하다
얼마 지난 뒤에야 어렴풋이 알아 차리며
손 뻗어 시원 섭섭 땀내를 긁어내는 이들에게
소쿠리 잔뜩 옥수수랑 고구마를 담아주자

작고 왜소해져만 가는 표정마다에

열여덟

세상 사람들 태어난 고향은 다르나
숨 가쁘게 달려온 이켠 어디
그날이 오면 얼떨결에 그날이 오면
꾀죄죄 오랫동안 속내 닫아 두었던
허리 펴고 관솔 지핀 쥐불놀이

애살 짙은 장고 살포시 목청 다듬으며
어린냥처럼 쾌지나칭칭나네 쾌지나 칭칭
뜨거운 가슴에 물든 새벽 숲을 깨우자 한다
그러나 모레나 글피쯤 정월 초하루 감각이 얼추
용마루 넘어가면 하루쯤 지킨 착시만큼
그리움의 강가에서 송사리 떼 품에 안고
어머니의 맥박소리 듣고 자란 태아의 그리움까지
지독하게 틀어박힌 곰팡네는 알까

열아홉

아낙네 발목 깊이 뿌리내린 메주덩이
물컹하게 장식된 서까래에 제아무리 짙어도
실핏줄 같은 푸념 살 뱉아내지 못하고
머리채 풀어헤친 도시에서 쫓기던 기도
"사람 사는 게 다 그렇듯 뒹굴고 뒹굴다
어딘들 정 하나 달면 발붙일 곳 있겠지"
언제부터였을까 갈증의 밥상에
허튼가락으로 촐삭댄들 목 축이지 않고
얼굴에 뽀드락지 비벼 떼어내듯

고향맛 베어 쓰레기통에 처넣어 버린 채
어색한 표정으로 엉거주춤 들먹이는 도시 사람들
가다가 숨차면 쉴 따스한 그리움도 없이
사라지는 장독은 아파트 베란다 구석에
묻어둬야만 했을까

스물

덕석산 말바위에 언제부턴가
깃발 나부끼지 않는다
이 마을 지켜온 사람들 칠월 백중이 오면
가슴 내밀어 깃발 가득 치자물 들이고져
허한 그리움 뒤지고 뒤지어
뜨거운 눈빛이라도 감지할라치면
얍살한 도시에 길 떠난 젊은 의식들
한세상 하찮게 뿌리박은 깊은 얼룩
그런 게 바로 문명의 뒷걸음질
솔찬히 서리 맞도록 내버려두잔다
허나 저들은 푸른 거미줄 타고
잠든 아버지의 아버지가 돋우던 북소리 불러

단단한 아버지의 그리운 속도만큼
바람이 불지 않아도
낮은 바람 타고 징그럽 듯
저 마을을 지킨 이들은
억센 속주머니 씨를 맺기 위하여
버티고 있다

스물하나

바람부는 언덕에 땀방울 말리는 계절이 오면
뻔한 햇살 자욱이 부지런한 농부의 등짝 때리고
강변에 코 고는 각양각색 텐트를 후빈다
이 강에 와서 설친 피서객 모두는 알고 있을까
농부들이 매일 매일 흙탕물에 쌓아올린 빛깔의 열매를
슬쩍 들린 그들은 모를 거다
그리운 사람들 솔직히 불행한 사람들
즐거움이 뭔지 알진대 되물려 받은
질긴 사주팔자의 촉을 잠재우며
몇 끼니의 끼니를 대여하기 위하여
걷잡을 수 없는 무언의 약속에 복개는 목숨들

먹장구름 비껴 올 때마다 홀로 망초꽃 아래
근심을 불살라 딸국질 누그뜨려 본들
저들의 근육과 심장은 너무나 혹사당하고 있다

스물둘

우리 동네 새싹들이요
산은 산대로 물은 물대로
돌아서서 억척 부리는 저 인간들 때문에
제 숨결에 맞는 모습으로 살 수 없어
이 산 저 강에 뒹구는 노래더러
자꾸만 후치보내라 놀려보내라 한대요
그런데도 주말이면 트집 싸메고 둘러앉아
잠깐이나 대지의 맛을 익히자며
문명의 이기를 데려와 가슴 녹인데요
떠나고 나면 깨진 병의 시퍼런 위기
우두커니 목 근처에 떨어져
자신의 살점 괴롭히는 줄 모르고
물 마시러 오네요

스물셋

버러지 같은 세상을 상대하기 위한 힘
왜 여태까지 없을까
뼈 빠지게 무논 갈고 너설밭 일군
열매 맺지 못하는 괭이 앞에
부쩍부쩍 늙어가는 농부들
봄날도 시름없이 먼 발치 떠밀린 대로
죽음처럼 늦잠 잔 아침
쓴 오이 질겅질겅 씹는 고통 보듬으며
칼날 어루만지던 오늘도 질긴 호흡 토하며
무말랭이 몸에 똥장군 울러메고 채마밭 더듬어야 하나
그놈의 떫은 자식 때문에
잘 익은 수치심 밀치며 의젓하게 돌아서야 하는가
해가 다 죽어버리면 알리라
그을린 얼굴 뒤로 살아온 일기장 찢고
그들이 절망이라 여기던 단절된 벽 무너뜨리면
한 농부의 보람은 순백색 알몸인 것을

스물넷

어-허 어기리 영차 어 하노!
무거운 세월 다 흩어지는 날
살아남은 사람들의 되풀이 되어 엮어 낸
그리운 뜀박질 헐벗은 신음
복받힌 현기증 아랑곳없이
끌려왔다 이제 돌아가며 허뭇하는 망자여

어-허 하노 어기리 영차 어 하노!
실제로 어제 밤 상여 치래는
죽음도 삶도 사그리 쓸어가야 할
어둠으로의 여행에 준비된 마지막 의식일까
그렇게 인생의 끝을 이겨 내고자 몸서리 친 것일까

복숭아꽃 흐드러진 꽃길따라
어-허 하노 어기리 영차 어 하노!
나른해지는 세월아 가지마라
선소리꾼 목청도 요령 소리도 구슬퍼 지고
망자의 남은 하소연도
상여꾼 노래 따라 저기 아득하다

〉
옷섶 한 자락으로 관을 덮으면
하늘도 소스라치게 내려앉고
어느 먼 나라에 자리하실 그분
화려한 지옥일는지 잔혹한 천당일는 지
따분한 교훈적 목소리도 맥빠진 사랑도
머리를 파는 회다지 소리에 어딜 돌아봐도 없다

삶에서 삶으로 죽음에서 주검으로
신명 찾던 선소리꾼의 슬픈 읊조림
어-허 하노 어기리 영차 어 하노!
허접하게 남은 재에 언뜻 빛나고
이정표는 언제나 그 자리에 버려진 채
퇴주잔 두 순배에 서산 노을만
얼굴 붉힌다

스물다섯

샛강 머리에 걸걸한 버들강아지
하얗게 달아오르면

4년 전 돌아가신 아버지 기침소리

새미골에 묻어난다

덕천강 외진 샛터 성황당 돌무더기는 언제나 그 자린데

산비탈 고드름 살금살금 그리움 앗아가듯

거기 할아버지가 뿌리내린 땅

아버지가 업을 바꾸어 힘차게 풀무질하며 살고자 한 땅

이제 아들이 허송세월 같은 대장간

어기여차 헐값에 팔아 치우고

대처로 뒷마당의 눅눅한 가난 쓸어간 땅

바늘귀 더듬으며 늘어나는 어머니의 주름살

매화꽃 피어나면 밤새 자식 걱정까지

휘몰아 그렇게 돌아 갈 수 없는 땅일까

스물여섯

 화석의 꿈 같은 서구 추종자들 어느 귀족의 "자제길래 물집 잡힌 세월 끈적이던 쉼표조차 이젠 까뭉개고 짓밟으며 오도독 깨물어 죽이고 새로운 세계를 더듬어야 참으로 쌈박한 서울이 되고 한겨레의 눈빛이 될거라 말하는가 탐탁찮게 지켜온 해묵은 한 버팀목 숨결까지 어김없이 게눈 감추 듯 구겨넣고 껌벅껌벅 서구에 맞추어 온, 세계의 속내는 하나이므로 나는 없다. 고로 우리 것은 존재하지 않는다. 이 땅에도 저 하늘 어디에도 조상의 얼은 부끄러움인 채 퍼질나게 앉아 있으니, 주인을 바꾸잔다. 저들은 제아무리 뜨거운 입김 불어도 낯선 방언으로 허기진 위장을 채울 수 없건만 선택한 최적의 각질에서 태어나리라 나는 거뜬히 다시 태어나라라 한들 자궁부터 전립선까지 그 무엇을 끄집어 내겠는가 애초 태음력에 길들어 놓고 태양력의 알을 품은들 그대로의 육자배기인 것을 땅 속 깊은 오돌또기 춤사위인 것을

스물일곱

차가운 먼지 방에서 딸년을 시집 보내던 쓸쓸한 나루터에서 잠들어 버려야 된다는 사실 아니 기계문명의 굴레 앞에 이젠 영원히 잠들어야 한다는 억장 그 소문이 가슴을 후빌 때마다 사내의 늙은 어깨는 쉽게 물러나지 않으려 했다. 사내는 망치와 무딘 칼을 집어 들고 딱 잡아떼듯 서걱이는 대숲에 몸을 떠밀어 붓방아 찧으며 딴전 부렸다 요망스레 그가 지켜온 것은 붓 만드는 붓쟁이 달리 그 일 외엔 남들에게 아무런 도움도 주지 못했다. 진주장 가던 그 길에서 몸부림 꺾이던 날, 떠난 만큼 떠밀린 빈자리의 흔적을 도려내며 깡으로 웃었다. 능청스레 골방에 틀어박

혀 자신에게 확실한 위안 달래며 진보주의자나 진배없이 그만의 처방을 제시하면 할수록 처자식은 골병 들었다. 붓 만큼은 그대로의 소견에 따라 박살난 뼈마디의 그 허름한 그리움을 고수하며 옹고집 헛기침을 터득했던 것이다 가끔씩 술 취한 날이면 제비초리에 대해 그 제비초리를 소유하고 있는 자신의 넉살 좋은 관상에 대해 좀스럽게 붓의 황금시대를 풀어 헤치며 나불거렸다. 헐떡거리는 개처럼 몇날 며칠이고 그만의 허드레한 눈 울음을 적실 뿐이다. 초록빛 그리움 위로

스물여덟

언제부턴가 창틀쟁이의 일사리는 부재중 노란 꽃봉우리 진액을 바르던 창호지의 그리움까지 부재중, 사내가 뜯긴 봉창을 향하여 총총히 빠져 나왔을 때, 그곳은 제정신 아닌 황당한 벌목장 친화력 잃은 터살이에서 아주 느린 걸음으로 자꾸만 뒷걸음치며 놀란 자의 끝을 보았다. 제풀에 무너지듯 비애를 마시며 나무결의 더운 감촉을 팽겨쳐 둔 채, 심심풀이 삼아 배꼽의 땟자국만 벗겼다. 그러나 사내는 창틀장이란 게 전설 속의 토속적인 숨결이라 치부해 버리는 생각의 폭에 대해 그에 따라 아주 보잘것없이 되돌아올 질문에 대해 여전히 자신에게는 값진 믿음을 던졌

다. 지금 이곳엔 떠받친 아버지의 넋으로부터 팽창된 순간의 그리움까지 홀로 뒤엉킨 살덩일 진절머리 나게 포개고 또 포갰지만 헛것이라는 생각 그 터전은 이젠 헛것이 되었다. 어쩜 저 폐가에 가면 그가 보낸 불면과 손자국 진한 몇 가닥 쐐기를 울거낼 수 있을까. 돌아앉아 쏟아부은 소주만큼 묻어나는 대패밥 속살의 키키덕거림에 한동안 쌍심질 켠 채 어지럼증 같은 잔재주를 데불고 어지간히 뒤범벅 한들 문지방에 오르면 오를수록 그리움은 통곡처럼 꿰맬 수 없는 그리움으로 다가왔다 아득히 패인 창틀쟁이의 그 꿈들은

스물아홉

나는 첫경험 할 때 피를 흘렸다 자신도 모르는 사이 이해 못할 전율에 몇 달이고 피를 흘렸다 아무도 와서 기웃댈 수 없던 그 순간 내 혈관 속에 저렇게 많은 피가 있을까. 의아해 했다

냉기 일렁이는 늦은 귀가 시간 푸석한 온기 만져지는 지저분한 방에서 떨리는 손끝으로 고운 구멍 따라 억센 입김을 불어 넣으면 그때마다 강물은 까칠한 비명을 내질렀다.

대숲 아래서 처음과 끝이 까마득히 멀게만 느껴지던 날

말라버린 꽃대는 눈 시린 하늘같이 잘못 본 것이니
금방 잘라야 한다며 서둘러 빠져나온
우유빛 생애에 바람길이 났다
(아주 까마득한 음색인 채 처박아두었다.)

  축축한 밤, 그 끈적한 구멍이 그리워 몇 말의 속죄를 되돌리면 언제나 손가락 마디를 선명한 감촉으로 흥분시켰다. 정말 몸서리가 났다. 나의 첫 경험으로 인해 그 구멍의 자해에 대해 책임을 져야 한다는 생각 책임지지 못하면 끝이라는 생각이 들었다. 굳이 내가 지키지 않아도 될 그 삶에 어거지로 보상을 한들 진정한 믿음을 줄 순 없겠지, 허나 값진 후예가 탄생된다면 애틋한 사랑의 눈길로 임신을 시키고 싶다. 가물가물 죽어가는 저 통수의 음색을 위하여 내가 첫 경험할 때 피를 흘렸듯이 손끝 가득 피를 흘리고 싶다. 칭얼거리는 마지막 피까지

서른

까닭도 없이 슬플 때가 있다

해질 무렵

삽자루 둘러메고 가을의 뒷모습 멀거니
바라보며 검은 고무신 끄는 한 사내가
가난하나 꿇리지 않았던 전답 몇 뙈기에
바람이 불고 비 내리면
미치도록 타들어가던 시절
늘 수숫대로 뒹군 사내

곳간에 가득 나락 섬 채워두고
한때 장가가고 싶은 술렁임에
막노동판으로 흔들려 발길 돌리면
눈물자국 찍혀나는 맵게 살아온
그리운 갈무리 땅
그 봉답을 버릴 수 없어
찰거머리 돼 버티어온 사내

감질난 수입의 치마바람에 주눅 들어
이제 살아갈 목표도 없이 무너진 고춧대
볏단 사이에 늘어진 헛 그림자
더는 기약하지 말자
질경이꽃 피는 날

서른하나

영원한 우리의 사랑 굴원屈原이여
잠 못 드는 밤이면 가라앉은 그리움 저쪽
그대의 노래결과 덕천강에서 죽은
넋들의 노래결이 하나로 겹쳐
설움을 마시고 있다
살기찬 간신배의 눈총에 벽지처럼 노려보아도
초楚나라 양왕懷王에게 버림받은 한 남자
우수와 원통함에 뒤척이는 그믐밤
서슬 세워 어릴 적 꿈도 내동댕이 치고
거칠은 뒷골목 질긴 떠돌이 시인으로 살다가
팔월 메밀 꽃 필 무렵
뿌리 깊은 분열에 이소離騷를 마쳤지만
참을 수 없는 우울 속으로 몰아갔다
초막 쉰아홉 세월 제 설움 묻고 묻어
괴로운 잠에서 깨어나 거울 앞에 서니
구레나룻에 피어나는 된서리 부끄러워
오월이라 단오날 창포에 머리 감고 몸단장하여
단오가나 지을까 하다 끝내 오월 초닷새
명라수에 몸 던진 그것은 굵은 사슬일까 도피일까

지금도 덕천강 어디 젊음 바쳐 싸우는 살들의 물결
예전이나 요즘 헐값에 치르진 자해일까
두툼하게 부아 돋구는 세상사 도래질 뒤로
아들의 술주정에 백발 애비의 장죽 태우는
헛기침에 넘어간 여운 뿐일까

서른둘

어릴 적 그리움
희고 단단한 껍질에서 보채는데
속눈썹 짙은 교회철탑 진정 누굴 바라보며 기다릴까
구도길은 헌금의 긴 졸음에 달려들어
구차하게 신도들 바람잡고
주렁주렁 매달린 그 광신자 팔아 치우며
여전히 움켜쥐고 있지만
바람은 새로운 바람을 일으키며
외친다는 것을 알까

마른 아침 희망도 없이 깨어난 예수
낮게 울리는 종소리 들으면 들을수록

파랗게 파기되어 심장 깊이
절망의 노래라는 걸 알까

여보시게 남명선생이 아직도
덕천강을 떠나지 못하는 것은
맵찬 윽박지름에 비둘기들이 꼬꾸라지기 때문이야
매일매일 최후를 기다리는
속 터져 부르는 그리움 팽개쳐 둔 채
어떻게 감히 발길 돌리겠어
사랑을 실천할 눈물도 웃음도 아닌
늘 차지하던 모습 그대로
익명으로 실천하는 저들의 보람만큼
여보게 부디 닐 서푼 뒤라도
잎 푸른 새순 이끌어 내야지

서른셋 — 수몰민이 지켜본 세상 1

아득한 세상 조상 대대로 어깨 걸며
누더기 옷에 쪽박 하나로 떠돌던 시절
천지 사이는 괄시의 몸부림이었다

그러다 회오리바람 눈비 부대껴도
햇빛 잘들고 물긷기 쉬운 금성 강변에
왼통 따스한 움막을 이루었다

허트러진 머리에 이와 서까래가 바글거리고
때 낀 얼굴 빈 그림자 아른거리는 행주치마 추슬러
아궁이 들락거릴 겨를 없이
김영감네 제사는 4월 초하루
이씨 출상일이 내일
누가 시집오고 누가 장가드는지
오랜 기억의 장식들 손바닥 보듯 훤해
오늘 구걸하기 싫어 종일토록 쫄쫄 곯아도
내일 당장 배고프면
점심나절 시래기국, 보리밥 먹을 수 있으니
돈 걱정 자식놈 공부시킬 필요 없이
유산으론 먹다 남긴 잔칫날만 주면 그만인 걸

잔인하게 추운 계절의 가장자리
빈털터리 알거지래도 불쏘시개만으로
좀체 겁먹은 얼굴, 성난 눈초리 할 필요 없이
그날그날을 어지간히 넘길 수 있었고

가까스로 건져 올린 몸뎅이에
저 차게 느껴지는 별들이 당돌하게 접근해도
헝크러진 삶의 모래판 구석구석
아픔은 가슴에 뿌리 박고 있지 않았다

나른해져 가는 가랑이 사이로
그칠 줄 모르고 타오르는 육욕은
퍽퍽 아새끼만 까더라도
뿌득뿌득 터무니없는 긴 환상
애써 무슨 끗발 기다리겠는가
내일도 모레도 이 땅에 들씌워진 저급한 보자기 풀면
한갓 벌거숭이로 돌아가 던져질 살림
그늘에 감추이진 재산은
쓰다 남긴 서투른 시 한 줄 뿐이지만
가장 포근하고 다정스런 그림자였다

서른넷 — 수몰민이 지켜본 세상 2

여태껏 어물쩍하게 슬그머니 꼬리 감춘
저기 저 푸지게 고맙고 소담한 마을에

돌연한 사태가 이간질 않는 한
대문 앞에는 오직 벌건 대낮의 방정꾼이었고
밤이면 그들 가슴이 곧 창이었다
땅 일군 고랑마다 웃음 심어
쏟아지는 햇살에 빨래 말린
지붕 낮은 터 살이 그 형편이지만
생각할 수 있는 건 다만
진솔한 농군이 되는 방법뿐이라 했다

뱀처럼 꿈틀거리는 수평선 저 너머
수몰의 어룬 마음 부풀기 시작하더니
이윽고 그들 울타리에 기웃기웃 도착하여
무거운 안개 속으로 눈물자국 진한 반점을 안겨 주었다
우리들 한숨은 나루 지키는 늙은 뱃사공 노래로 변하고
가슴 조이며 이끌어 온 희망도
쪼린 두 마음 칼질하는 물의 나라
아이들은 여기가 준비된 터전인 줄 알았기에
남모르게 몸부림 더욱 처절해지고
샛바람에 물레방아 멈추는 소리 내려지고
한 집 두 집 마을은 눈에 선하게 여위어 갔다
불어난 허기는 움막에 쏘를 파대니

더듬이 끝에 매달린 꼬락서니로 기가 죽었지만
세상 영웅들이 다 할딱거려 왔듯 애시당초
우리들의 잃어버린 목소리, 잠재운 목청 돋구어
건방지게 저 메마른 땅 보리와 함께
맥없이 드러누운 골목에 밀어부쳐
악쓰고 악쓰던 그 땡깡 아래
감쪽같이 해치워 버린다면
누가 감히 입을 열겠는가

그들이 속 터지게 부르던 노래, 언어 찾아
저기 새긴 결빙을 깨뜨린다면 그런대로
얼싸안은 힘의 원천은 은밀히 마련될지
그들의 그리움은 예리하게 밀려오는데
여자들 치맛자락엔
거름 묻은 얼룩 피어나고
손톱 끝에 봉숭아 물이 바래간다

서른다섯 — 수몰민이 지켜본 세상 3

그들에게 주어진 천불 나는 원인 하나

타협 없는 거리로 나설 수 없는 걸까

강자도 아니면서

빈 주먹과 미련한 양심만으로

무더기로 녹슨 삽과 괭이 치켜들고

뚜렷한 땅의 성질 말한다면

모조리 발가벗은 마을 되돌려 놓을지

맺힌 것은 단 한 주먹 뿐이라

어쩔 수 없이 불붙어야 할 줄다리기인데

절구통아 절구통아 넌 매양

처박혀 짓누르고 흐느끼는 소리만 내느냐

연기 깔린 거리 바람맞은 가을날

들뜬 육신으로 발 구르며 정당하게 기다리지만

꽹과리 앞장세워 전경과 마주 서면

어린놈도 어른도 자꾸자꾸

오징어를 화로에 굽듯 풀이 죽어서

무력해 지는 마을 사람들의 행렬

심장은 고함을 질러대도 깔린 오기는

타고난 시골 솜씨 단지 그것뿐

아무리 현장 사무소에 가서 들들 볶아도

현장소장도 면 직원도 피라미일 뿐인가
눈탱이가 밤탱이 되도록 두들겨 맞아도
물속에 잠겨버린 논바닥은 정책으로 휘두르고
물 위로 떠도는 부산물은 우격다짐일까
그들이 뿌린 눈물이 위정자 몸에 닿으면
끝내 입술 닫아버린 침묵이었다가
보상금 몇 푼에 입 헤벌레 벌리면
이때구나 야 그래
"고이고이 잠드소서"
그리움은 쫓겨날 그리움은
다시 돌아 올 수 없어
왼종일 경운기 울고 불어도
푸짐하게 잘 먹고 잘 사는 게 최고라 하네

허물어질 줄 아는 놈만 비석을 세워야 할까
물려받은 옛동산에 알자배기 상처 자라나
대대로 지켜온 선영이 거칠어 지면
농약분무기 뿜던 논두덕에 나자빠져
"신고산이 우루루 함흥차 떠나는 소리에―"
같잖게 쪼무래기 자식새끼는 아픈 몸에 와 머문다
젓어 올린 안쓰러움도 마을을 돌려놓을 수 없으니

시시덕하게 까무라친 내일을 말하지 않았지만
그들의 생각이 우리의 지나온 노을빛에 어리면
벼르고 벼른 오랜 땅도 삐걱대고
사투리는 솔가지 연기처럼
낡은 땅에서 이제 죽어갈 채비하고 있다

길이란 길은 다 아득히 멀어 조만간
잔주름 들킨 이마살 풀고 마구잡이로
우리가 쓰임새 많은 쟁기를 태워 없애야 홀가분할까
그들 몸에 절망을 요분질 해도 푸석한 그리움은
결국 고통일 수 밖에 없으리라 떠밀린 속도만큼
그리움 찾아 피한 오리봉나무 숲
사라지는 것이 아니라 꺾이어지는 것이기에
매화 향기 채색하는 새로움으로 기뻐할 때까지
낚아 올린 속박, 헛된 분노 묽게 한데도
과거는 누구도 되돌려주지 않겠지

서른여섯

일봉이의 27년간 묵혀 둔 순수성, 우수에 찬 눈매 속으로 피멍

울 손톱 끝에 반죽되었지만, 깨끗한 아침이 불어오면 남루해진 속쓰림 물어보고 싶다. 묵직하게 앞으로 툇마루에서 몇 번이나 명절 보낼지 몰라 마침내 나지막이 살아서 살아갈수록 부순 헛구역으로 다가오는 그리운 망둥질 어릴 적 잠방이 뚫던 함성 그 빛깔도 고스라니 남아 있는데 사약 마신 듯 시간이 시나브로 허물어져 내린다. 구름에 몸 푸는 저 밉살스런 저기압은 쫓겨갈 이웃들에게 불면을 가르치어 하루 지나면 어디론지 흙먼지 몰아가는 이웃들의 또다른 하루, 뭔가 냅다 부르짖을 듯 앞마당 맴돌건만 하나도 이루지 못한 그네들 더는 헤아려 볼 수 없어 비어가는 마을은 전쟁 지난 북새통 같이 지어미와 새끼쥐 마저 굴터느라 히동거리고 부수다만 집, 어지러운 담벼락, 돌아서버린 블록은 파편되어 지문을 앗아간다. 일봉이 물꼬파다 성냥불 댕겨보지만 바람은 왜 이리 드샌지 벌서벗은 시름 황사바람에 다 말리고 어디로 떠날까나 하기사 머잖아 떠밀려 가겠지 늘 간직한 고향 개나리 태풍에 쓸어내지 못하고 흉터로 골 깊숙이 남겨 둔 사랑채.

서른일곱 – 투기꾼

저들은 무엇을 갉아먹기 위해
이 후미진 땅에 기어드는 걸까

＞
어디쯤에서 밀려왔는지 모를
얼굴도 없는 남자와 여자들
둘러앉아 개기름 바르고
침침한 불꽃 아래 실오라기 부풀리어
또 다른 끄나풀로 그리 끌어당기며
입가에 침만 질질 흘리는지

장미꽃 꽂은 옷깃으로
변태적인 만남을 계속 엮고
한두 번 술잔 기울이며
딴 나라에 끼얹인 빈 웃음의 앙금
이상야릇하게 홀쳐매는 마비
왜 삭아가는 표정들만 내까리는지

어둠
정적으로 치닫는 골목길에
너저분하게 흘러버린 언어들은
어느 버려진 땅
퇴락되어진 담벼락에 쪼그려 햇볕 쬐는데
방문 곁의 새로운 모습 기대하며

스스로 추앙하는 돈에 맹종하며

보이지 않는 방황의 끝으로 돌아들 간다

허탈한 오늘의 가업을 넘기면

떨리는 음성

허기진 가슴

죽음보다 더 심한 갈증으로

비웃음 등줄기에 버린 채

쓸쓸히 골방 구석 찾아든다.

서른여덟

정말이지 내가 너에게

갈 수만 있다면

아침저녁으로

부드러운 살결

반짝이는 별이 되리라

잠 못 드는 밤

바람 소리 그 끝에 스치는

싱싱한 음악이 되리라

그리고 사랑하게 하리라

정말 단 한번 내가 너에게

갈 수만 있다면

더이상 주저하지 않으리라

서른아홉

먼 고생대 그리움

어둠인지 밝음인지 모르게 진펄에 고인 물

샛강 이루며 잔잔한 물살 시작된 이래로

귀에다 건네 보낸 물의 노래

자갈 속에 자라다 떠밀려간 은어처럼

끝닿을 안식처로 미끄러져 갔는지

정적과 혼돈의 세월 지나는 동안

가슴 찰랑이는 서러움 하나, 살찐 소망 하나,

정확히 자리매김한 사람 아직까지 없다

봄이면 수양버들 가지에 물씬 풍기던 새물내음

여름이면 뿌리 뽑힌 소나무 밀어주던 강변

이것은 너의 쉼 없이 보내준 은정일까

>

노래가 그리워 나직이 기다리는 생명 찬
저기 저 패랭이꽃 냉이들
아름다워라
살포시 한숨 죽여
달이 기울어지는 날들 헤아리다 보면
세상의 모든 사물들 하나 둘 씩
제가 태어난 땅으로 돌아들 가듯
얼었다 풀리는 강줄기의 고요함 딛고
청둥오리 모여드는 저녁무렵의 노래

마흔

사방은 길들이지 못한 참담한 어둠
저 소리없는 강물 위에 당신이여!
언제부터 저렇게 애타게
속살 태우며 춤추었습니까
긴장하듯 수은등 켜지면
자욱한 어둠 몇 방울 몰아
선명하게 되살아나는 춤꾼
오늘도 흐른다 춤사위와 함께

은은하고 때론 힘차게
신들린 세상 만큼 한없이 부드러워 진다
초혼-풀이-환희로
그 타래에 실려 산 춤판 인생이지만
그러나 늘 춤판에 서면
동심이 되고 햇살이 되고 전설이 된다
남의 몸을 감싸고 있는 기와처럼
수은등 가득 흔들리던 자리 끝에서
춤판 식으면 물든 폐수에 강의 아픔 가득하다
아, 너는 그리움의 언저리나 맴돌자고
밤새 차갑게 아우성치지 않았을 것이리
종합병원의 투병 환자 또한
우두커니 이 어둠 속에서 죽음과 싸우는
질긴 춤판일까
또다시 새싹 틔울 춤사위를 위하여
과거의 사랑 숨결 그리움까지
지금도 저 속에 묻혀 있을까
창문 너머 강물에 어린 불빛 허망하게 바라보며
젊은 날 그 광기 찾기 위하여
지금 저들도 저 깊은 가슴마다 춤추겠지

마흔하나

나는 강을 알지 못한다
하늘 아래 저 홀로 몸부림치며 억척의 귀퉁이
할아버지께서 된바람 피해 소작인으로 뿌리내린
그해 여름부터 토석류 따라가듯
그렇게 떠듬떠듬 들을 수 밖에 없었다

소담스런 강변 사람들 키워온 무심함 만큼이나
들뜨거나 애타지 않게
가슴 한 귀퉁이 하늘이 되고 별이 되어
삽 씻는 소리 가득 야망의 노래
환희의 노래 부르며
너는 기억의 사립문 닫고 드러누운
저들의 어둔 마음 구석구석 위로하며
제철 만난 찔레꽃 수줍음 따라
새초롬한 울렁임, 그리운 댕기풀이 이야기 챙겨
흰 치마 나풀나풀 머잖아 새콤한 고향 찾아
전설처럼 서로를 껴안을까
붉은 별들이 쌓이는 이 가을날

마흔둘

먼 변방에서 추위와 싸우는 준경
오랜 기간 연락 끊긴 유학 간 형
논두렁 따라 덕천강 바라보고 계실 어머니
모두 나름대로 마음 밭 일구고 있건만
문 밖 가득 살벌한 낌새를 의식하지 못한 채
난 붉은 전등 켜고 끼워둔 능청
짙게 손질하고 있다

먼지투성이 추억이 갑자기 허물어지면
야산에 널려있는 무덤 가운데
멀쩡한 몸으로 객기치민 일생 몫의
넝쿨손을 뻗어야 하나
뛰놀던 동산 찾아 먼저간 친구의 무덤에
흙을 얹어주고 잔디 입혀주며 울어야 하는가
비석을 쓸어안고 닦아야 할 것인가
질긴 목숨 자랑이나 하듯이
아무런 바램도 없이 떠밀린 세월

마흔셋

너는 늘 긴장의 강변을 걸어갔다
가슴에 핀 현기증
내려앉는 무기력도
무작정 걸어갔다
질식할 듯한 눈총에 부대끼며
화석의 그리움 안 되기 위하여
북 받힌 호흡으로 걸어갔다

하지만 미치도록 배가 고프단다
풀어진 매듭의 허탈감에,

마흔넷

숨죽이며 일어난 영광의 노래여
민중들이 억센 포승줄 풀어 헤치며
흐느낌의 빛 깔린 조국 저 능선에
수줍게 목례 보낼 날 언제일까
>

고통으로 내달리던 우리들의 얼룩진 축제 마당
물결치는 굴레 속에서 풋내기라는 것
뛰쳐나가야 하는 현실
귀띔도 망설일 수 없는데
어리석은 무리의 군소리에
귀를 기울여야 하겠는가

암울한 시대의 울타리 안에서
포악의 채찍에 떠는 여월대로 여윈 가슴들
숙명적인 권력의 압박 밑에서
억눌린 의지는 사무치도록 부끄러운 스무 살

손발이 잘리어도
입술로 언어 이루지 못하더라도
뜨거운 우리들의 젊음은 혈관에 남아
다시금 잉태하는 즐거움으로 흘러야 하리

마흔다섯

강변에 서면

더욱이 초생달 싸늘한 황혼에 서면
나는 아무것도 아니었다네
마치 구불한 논길처럼
마구 흐르는 강물처럼
그저 머물고 스친 것일 뿐
가정스런 폭풍우 가운데 있더라도
순수여
나의 순수여
너에게 복종하련다
나의 벽 허물고 합류하여
흘러가는 화해의 힘이여

2부
그대 잠든 산마루턱에 비는 내리고

겨울 산행

그것은 황색병 든 나무가 실어보낸
몸 져 달라붙은 암기호였을까
소름 끼치는 추위 애써 훑어내고자
말라버린 재를 연거푸 헤집으면
뽀실한 불씨가 무겁게 제 몸 비틀며
발디딜 종적없이 두 갈래 주검에서
방황으로 노크하던 모습

가까스로 불붙인 즐거움
언땅에서 대칭된 배반 부르며
깨어진 술병
어지럽게 해부된 코펠 위에
긴 권태 부서지며 차곡차곡
어정대던 냉기찬 한숨

손수건 흥건한 후회를 말리며
투박한 미소 뒤에 부르짖는 작은 절규
아마 최초의 점령인지 모를 일이다

그것만이 나의 것

이 십 년 허전한 날
그 절제 못했던 허기찬 풍요
감수성으로 내달리던 종착역
허구한 날 버려진 둥지
긴 한숨 자라난 이른 새벽이면
정말 환장하도록 뒷덜미 댕기던 발길도
창백하게 몰아쉬는 이 밤 지나면
이적지 더문 더문 뿌려온 씨앗은
가슴 밑바닥에서 질식하고
잘려간 미리딜 끝으로
새날에 대한 두려움 배어든다

멋대로 걸친 유행복의 전송은
남모르게 여윈 가슴 뒤져보라는 배려일까
앞가림 못하고 설쳐댄 세상
얼씬 못하게 새겨두어야 할 묵은 편지일까
자지러질 듯 푸른 제복 입혀지면
흐르는 눈물 사이로 떨리는 어머니 음성

흐트러진 아버지의 취기 오른 모습
쏴-한 그리움으로 따끔하게 펌프질 한다

잠시 머물다 사라진
기억상실증 같은 서투른 여행은
얼마 동안 닳은 넉넉함 받아들여야
토닥이며 주고받는 하루가 별탈없이 끝날는지

空

뒷주머니 만들어 은밀한 뿌리 박고자 한다면
벌레 먹은 가을날 무상함 느껴 본 적 있었는가
등산객 빌빌대던 아름다운 산사 멀찌감치
가부좌상의 깊은 호흡으로 질기고 뻣뻣한 뿌리 덮건만
잘라도 모질게 자라나는 머리털의 보시報施
저 처참한 그리움 도려내라는 고행의 전초일까
울렁이는 해돋이로 탈진하기 위하여 바라 가득
목마르게 지켜야 되는건 어떤 빛깔 꽃잎이기에
"바람이 비었거든 고정된 그대로 잠재울 인정
파도가 비틀거든 정한수의 인언 뭉게 비껴라!"
그 말씀의 농도로 미소짓는 그대 인내여
잠든 곁으로 된바람 선방 깊이 비집고 들어오면
호창한 천품을 타고난 솜씨가 아니라서 때론
두근두근 어머니의 젖은 얼굴이 솟구치면
눈 감은 견승의 길 아득하여
남몰래 떨던 헛아지랭이 몇 해 였을까
공즉시색 색즉시공 공즉시색 색즉시공

공동묘지에서

무덤 어떻게 다스릴 수 없는 힘으로
산을 갉아 먹는다고 얼핏 들었지만
번식력 저렇게 강한가
가히 느낄 수 있겠다
시들어 가는 육체
어쩔 수 없는 퇴화현상이라면
야산에 녹아 있는 평범하고 권태로운 흔적
가라앉힐 텐데
혈관에 남아있는 숙명론적 가계의
완고한 침묵
땅 속 깊은 쑥부쟁이의 손길들
스멀스멀 벗겨내지 않는 한
씨앗을 없애기란

도시 뒤안의 여인들

월경주기가 멈춰진 날부터
여인들은 잃어버린 보석 찾듯
치마를 걷어올린 채
산부인과 들락거린다

아직 꽃잎 갖추기도 전에
꿈틀거리는 한 컵 핏덩이
눈물로 찢기워 하수구 흘러 보내고
치마를 내리며 병원문 나선다

나른한 거리에 성장한 꽃들 물결
빌딩과 골목 사이로 흘러 다니면
어린 혼백들의 절규는 지하도 구멍 뚫고
어깨띠와 머리띠 지나
도회지 노을 속으로 사라져 간다

초조한 발걸음으로 그래도 따스한 집에 들어서면
하루 아침에 허리굵기 만큼 물가가 오르고

월급봉투 갈래갈래 찢어지는데
얼마를 더 물어와야
남루한 식탁 아쉬움이 없을까

졸린 눈빛으로 야근하던 새벽
싯퍼런 절단기 칼날은
아련한 환상으로 떨어지고 있다

반쪽 인생, 오솔길로

이슬방울 흥건한 새벽부터
반딧불 다닥다닥 달라붙는 밤까지
막무가내 갉아먹은 필연적 믿음 앞에
때론 저문 언덕배기 포장마차에서
그들을 훼방하던 말투 차분히 잠재우고
역사는 터진 봇물 쪽으로 결정되었다

반쪽 인생 오솔길로 떠나보내고
둘이 아니고 하나로 되는 날은
아무도 침범할 수 없는 연극으로 여기지 말게

이제 낯선 풍경 보따리 깊이 파묻어 둔 채
김칫독 상큼하게 익거들랑 겨우내 밥상에 올리게
눈비 내린 굳은 땅에서
더러 무명실 한가닥 빠져 있더라도
저기 저 패랭이 꽃, 들국화처럼
다독이는 연습 수시로 하여
여전히 당신의 가장 귀한 맥박으로 일어나야 하네

바람의 아들 1

바람끼리 교접하여 샛바람으로 태어나기 전
남자는 XY와 여자 XX는
자궁 사이에서 헛바닥을 날름거리며
움찔 굶주린 폭풍우나
술취한 울부짖음 담뿍하게 종용하여
허연 거품의 바다 어디 혹
단칼로 괴롭히는 불면의 거리에
질긴 씨앗들을 네 활개치게 한다
말로는 예라고 조잘거리면서 속으로 아니오라고
되뇌이는 인간들의 은근슬쩍한 생트집처럼
어안이 벙벙 덩달아서

바람의 아들 2

대입시험에 재도전하는 내 동생 반팽이의
저 가슴 새파래진 바람구멍
통로에 틀어박혀 소박맞은 살점을
갈취하려는 우악살스러움 때문일까

그는 싫증날 때까지 침대 위에 누워
갈무리 못한 조각들을 하나하나 옥죄어서
고정된 눈으로 얼거리를 어슴푸레 알아차리고
수고롭게 기대치를 삼가르지만
어쩐 일일까
사소한 바람에도 무너진 건

바람의 아들 3

그 반짝이던 눈빛들이 어디론가
낮은 기적소리에 실려가 버린 후
짙게 묻은 손금은 삭아가고 있다
등나무가 곱사등 만들 듯
유년의 꿈은 품 떠나 새로운 편린 삼키며
쉽게 굽고 쉽게 펴려 들지 않는다
그들은 잠든 흔적 같은 허기를 긁어내어
떠나야 할 때 떠날 수 있는
그런 그들을 만나고 싶어 한다
살다 죽으면 그렇게 되돌아가야 할
어디서 아무리 눈짓 보내도 그들은 끝끝내
모든 그리움 그리운 수렁으로 몰아가며
아버지의 유년
보리피리로 부는 걸까
낡은 가구를 고물상에 넘기고

바람의 아들 4

간혹 소박한 손 내밀어 지킨 삶
악수 청하지 못하고 서로 체면에 틀어박혀
인기척 모르고 밟던 거리
삶의 비밀일까
묻어둔 고역일까

바람막이 없는 원두막 그늘에
속살 고운 콩싹 뜯어 입술 닫고 귀먹어
값진 변모로 시장바닥에 뚜렷하게 너풀거리지 못하고
빗나간 화살 허리춤에 주워담아
왜 짚가리에 불을 당겨야 했는지 아무도 모른다.

아버지가 소죽 끓이며 중얼거리던 타령곡
수천 수만 번 장닭이 홰친 시간이지만
엄밀한 폭설 같은 생생한 몸놀림 팔짱 낀 채
뿔뿔이 중심 잃은 모지랭이 청춘 부추기며
또다시 얼마나 더 자해시켜
긴 강줄기로 노저어 보내야 하는가

하나의 별을 기다리며

찌들게 어두웠지만 담쟁이처럼
잘 어울리던 시절
우린 번득거리는 눈빛 하나로도
완벽하게 맞물려 잘 돌아갔다
그런데 제 흥에 굳은 고리 만들어
겁 없는 삶의 비밀을 무수히 과제 지웠기에
닫힌 가슴은 휑하니 숨죽어
애초부터 꿈쩍도 않는 눈먼 고인돌이었다

거칠게 허비해 버린 청춘의 허전함
더욱 헛개비 부끄러움 같이 비좁게 쌓이지만
믿어라 벗이여
프로메테우스의 심장에 피가 남아 있는 한
쓰린 밤그늘 찾아와 출렁거려도
추방된 땅에서 그대만이 날 알아준

풀빛, 그 허방

가끔 하늘 저만치 젖은
담배연기가 날릴 때마다
사내는 가늘게 떨었다

몇 달전 우연히 이 벤치에서
열정에 찬 사내의 대화를 엿들었다
그때 사내는 오래전에 죽은 사람들의 혼을
이슬처럼 바람처럼 열거하였으나
난 듣지도 알지도 못하는 작가들 뿐이었다
허니 미치도록 사내는 진지했고
틀림없이 짙은 세계가 이글거리고 있었다

누군가 절실히 원하는 음색으로 잘은 모르겠으나
그들의 추억을 손질했던 것 같다
종종 그 사내를 만날 수 있었다
그리 넉넉하지 못한 벤치에는
한 여자의 입김이 하늘거리고
더러 애원조의 따사로움도 술렁거렸지만

사내는 좀체 긴장을 늦추는 법이 없이
자신의 질서속에서 곰팡네를 풍겼다
입술이 엷은 여자의 흔들림을 통하여
지독히 애연가라는 사실
수줍음도 많이 탄다는 것도 알았다

사내는 여전히 빗줄기 아래에서 질긴
욕망의 끈들을 풀고 있다. 나는 뭐라고
그 사내에게 던진 물음, 말이 되는 순간
홀연히 형식을 만들지 못한 채 땅에 떨어졌다
적어도 나에게 있어 날씨가 나쁜건지
쉽사리 틈이 보이지 않는 쓸쓸한 지문 앞에
어떠한 물음도 접근될 것 같지 않았다

"학위를 포기하는 사람들에 대하여 이해합니까"
"나이가 많으신 것같은데 대학원생인가 보죠"
꺼진 담배연기에 사내는 신경을 곤두세우며
이리저리 호주머니만 뒤적거렸다 지루한

눈빛이 감기고 한 뼘 고요가 지나갔다
"학부가 다르면 찬밥신세 되죠
더욱이 돈없이 실팍한 몇가닥 믿음으로 옹골차게
버티려 한다면 내려앉는 초라함을 견뎌내기란—"
그때 자욱이 안개가 내렸다 안개는
아주 낮은 곳으로부터 치솟아 우쭐거렸으나
벤치의 웃음들은 누구도 받아들이지 않아
다시 떠밀려 한숨 속으로 스며들었다
"그러나 대학원은 참 좋은 곳입니다
인간사 우둔한 석학을 키워내고
치졸한 권위의식에 기죽이는 박학을 터득하니까요"
"당신도 저들처럼 촉촉한 넉살을 지불하면 되잖습니까"
"다른 몸짓으로 달군 텅빈 충만 속의 그런
번들거리는 목덜미는 단호히 거부합니다"

사내는 외롭게 벼려 온 칼끝을 부러뜨리듯
그렇게 일어나 작은 평화를 뒤로한 채
푸석한 어둠속으로 스멀스멀 걸어갔다

어머니 당신의 아들은

 어머니, 우리들 주변에 덫에 걸린 양심은 흠집도 없이 하나 둘씩 찬바람 스미는 골방에 쓰러지거나 군대로 끌려가고 있습니다 늘 대하기 벅차신 어머니, 이 뒤틀린 세상 무엇을 기다리며 살아야 합니까. 노한 욕심으로 미친 개에게 물리고 더한층 물어 뜯기어도 아주 미친 세상 오기 전에 권력에 달라붙어 돌아앉아 조잘거리는 그들 뒤전으로 우리들의 몸짓은 지금까지 어질지 못했던 날들과 맞서야 할까봅니다. 깊은 밤 저 묘지에 우는 사람은 더럽혀진 강물이라 귀 씻을 수도 먹을 수도 없기에 새로운 터전 그윽한 향내음 우려내는 물줄기 찾아 마르지 않는 우물 파도록 뭉쳐야 할 우리이고 싶습니다. 목숨이 붙어있는 자는 편안히 살 수 있는 땅 죽은 자는 황량한 공동묘지에서 헤매이지 않을 도시에서 농촌까지 어머니의 약속된 산하 오랜 고향을 되찾고 싶습니다. 우리네 젖가슴은 세찬 초여름 냉해에 시들어 갔지만 정신만은 우리의 끓는 심장에 남아 지금도 변함없이 싸우고 있는 것은 어머니 풀씨들이 유년을 날려 버린데서 오는 습기찬 평화, 단지 그건 아닐겁니다.

이제 더 이상 머물 수 없어

태양을 향하여 걸어가는 놈들
깊은 수렁에 헤매이는 줄 모르고
해마다 돌 깨어 최고인 양 흉상을 손질하며
술을 마신 듯 마시지 않는 듯
늘 침은 왜 저토록 튀기고 있는걸까

자리란 저들에게 무슨 의미가 있길래
물구나무 서서 돌림판 찍어 결정하듯
권력의 불꽃은 공중에서 싸움박질시키고
전도된 조싱 자주 들믹어
오랜세월 무던히 버티건만
땅으로 무수히 짓밟는 燐光
어찌 감출 수 있겠는가
아직도 살면서 배운 욕심 더욱 부풀리며
화살 맞은 표적지에 동그라미 그린다

저렇게 버리고 싶지 않은 자리라면
좀더 일찌감치 괴로워 하지

발길 채이는 말의 범람
술렁대던 뒷골목에 뿌려진 술병만큼
힘찬 새날 맞이 했더라도
그물 던져 해맑은 진실함 조립했을 텐데
골수까지 헤집고 들어간 인욕 때문에
이제 더 이상 오래 머물 수 없어,

한글날만 되면

 거리에 늘어뜨린 간판 볼 때마다 나는 한글의 종말에 대해 종말까지 선택하려 한 간판쟁이와 그 간판쟁이의 덜미를 잡은 돈의 위력에 대해 무정하게 사블랑거리는 장사꾼의 국적이 어딜까 생각하게 된다 광폭한 간판에 이끌려 무턱대고 문지방 들이미는 머리통의 의지와 김치덮밥 대신 돈까스나 카레라이스를 들먹이고 덤으로 술안주에 피자를 까발리는 뚝심에 대해 그들 학교의 학적부는 2학점짜리 국어와 3학점짜리 영어가 덩그러니 대적하고 있음을 안다면 소스라치지 못하는 자신조차 이해하게 된다

 힌글의 사생아가 지렁지렁 판쳐낸들 신기한 변화를 보이지 않듯 애기란 말뜻이 얼핏 졸던 사이로 사소하게 없어져 베이비가 되어 가는데 대해 또다른 세계와의 접목이라 부추기는 신문 방송의 상술과 그 부드러운 헛바닥으로 대중을 이끄는 얄팍함에 대해 그 속성 속에 한글은 종착점이 아닐까 생각하게 된다 날뛰는 외래어에 대책없이 꽃 피우는 당당한 변절자와 그 덕분에 한 생의 몰락을 예견하며 겸연쩍게 분풀이하는 시인들의 혐오스러움도 유치원의 한글은 대학에 오면 헛글이 되고 만다는 고정관념 그러한 출신 성분으로 자식을 가르치는 그들 부모의 땅한 의식구조는 먹고사

는 취직시험에 별 볼 일 없이 떡사발난 썩글이므로 어슬프게 거부할 수 밖에 없는 처지란 걸 엉겁결에 미치도록 이해하게 된다

이 비좁은 공간

늘 우리들은 그리움의 깊이 억제하기 위하여
골방에 갇힌 걸 알지 못한다

빗장 따는 귤빛 아침
덤덤한 얼굴 흐트러진 머릿결
몇 가지 사소한 투정 아무래도 좋다
서로가 밋밋한 여행 가방 챙겨 들고
삐걱이는 침대에 기차게 돌아누워
허리띠 졸라맨다 한들
거추장스레 망지질 날자

모든 의심의 건더기 걷어내고
오직 한줌 흙인 평범한 입장에서
먼훗날 가을의 여인으로
언뜻 마주친다 한들
엄청난 보상 바라기 이전에
마음껏 몸 달았던 숨결
과장없는 노래 거짓없는 얼굴

빠른 시간 끝에서 항상 봄이기로 하자

온기가 있는 세계에선 차분하지만
비참한 강줄기로 밀려났을 땐
여린 그리움이 찬찬히 스미였다는 걸
알아 주었으면 좋겠다

가난한 밤

저기 발걸음 가뿐한 사람들
맨 처음 생생히 몸 내밀 때
축복은 타고난 힘의 몇 배쯤 산발했으리라
그런 부류와 달리 늘 괄시에 감금된 아이는
한번도 쪽진머리 어머니 흔적은 없지만
질척한 외로움 뒤로 가장 높은 함정이란
뼈 속에 잠긴 추억이 뿌려질 그날까진
강줄기 향한 그리움 만큼 흥분됨 없이
가슴 한아름 그리움으로 살거란다

배 속 같지도 않은 고아원에는
윤년 돌아오듯 야영하는 사람들
아리고 또 잠긴 목소리로 어르면서도
실팍한 발목 딛고 일어나 거북스러운 빛
창문에 내던지고 팔랑개비 돌리며 떠난
그 도움 위한 눈길이라는 게
수제비 쑤셔넣듯 뻣뻣해진 모가지 쑤셔넣고
겸연쩍은 길손으로 적선한 표정일까

〉

헛된 집착 주위 저리도록 네온싸인에

가린 베갯잇 체취 만나고 싶어

뛰다시피 분주한 거리에 나서면

모든 간판들 거리를 향하여 열려 있건만

따분한 언어는 쉽게 캄캄한 그림자로 변하여

비 내린 먼 도회지에 알몸으로 던져진 너를

진물 나도록 손톱으로 긁어내고프단다

초생달이 가르막으로 미끄러져 오르면

따스한 공간 찾아

군용모포 뒤집어 쓰고 급행열차에

실려올 듯한 어머니 품속을 끄집어 낼 수 있다면

어제 그대로 바닷물은 채워진다

바다와 마주앉은 자리에서
생활 꾸려가는 갯사람들
피곤함 가까이 불어오는 바람
단지 차거운 궁핍 뿐이지만
민물이 바다로 향하는 하구 언저리
재첩 떠내느라 부산한 가장의 지느러미

그저 햇살에 찌푸려진 얼굴들
작은 만에 접해 살며
멀리 갈 일 없이 그 속에 살아오면서
바닷물에 땀방울 흘리며 소라 낳는
생활 방편도 되물림 받은 가난의 자리
어제 그대로 바닷물은 채워진다

땡볕과 바람이 짠내 말리는 한낮
돈 되는 것은 없지만 생물 팔고 남으면
뭐든지 말려두고 바늘 꽂을 틈 있으면
무엇이든 심어두고 싶은 안달에

갯일과 밭일에 허둥대는 갯사람들

조개며 게들이 뻘 속으로 기어들면
사람도 야트막한 지붕아래 모여들고
짠바람 일구어 결코 사나운 표정 짓지 않는 얼굴이다

아무도 이의 달지않던 해안선이
약삭빠른 잔대가리에 눌려
어느날부터 긴 방파제 들어서면
그들 귀퉁이 삶도 변화될까
갯펄이 모양 변한대로 살아왔고
앞으로 그러할 것이지만
땅모양이 변한다면 그런대로
묵묵히 받아들일 것인지

겨울 일기

떠나자
이젠 눈먼지 희뿌리는
빙하의 이국 땅에서
어두운 길목을 돌아
밀려드는 술주정 뒤로한 채

돌아가자
어머니 이마살 사이에
식어버린 잔소리
퍼 올리도록

회색빛 종소리
아픔 진한 대지에 파고드는 날까지
복통에 쓸어주시던 모정의 손길
그 따스함 지키고 싶어

간이역에서

어둠 짙게 깔린 플랫폼
여행길 함께 이끌어 온 사람들 빛으로 흘러가고
아직 꺼지지 않은 네온사인 저편 어디에
불빛은 밤새 깨어 야단법석 떨 것 같다
잠시 멈춘 빈 도시에 울컥 소주가 그립다
누군가 단지 옷자락이라도 잡아준다면
목화송이 같은 수다스런 자리 만들고 싶다
다른 날 같았으면 주책없이
눈에 띄지 않아도 두런두런
술취한 사람들의 비실한 걸음걸이 사이로
안개 속 잘 헤매이는 숫개처럼 헐거웠지만
허나 너무 깊게 뿌리 박힌 외로움 앓이
오늘 따라 갈 곳 없다

내 방랑의 길목에서

난 이제 높다란 편협의 울타리
저 질긴 마음의 벽을 찢어버리고 싶다

나의 동상을 날씬하게 세우던 시절
청동기 시대 쪼아만든 부싯돌보다 못하건만
잠들지 못하는 남자들
버림 받은 안개꽃 같은 여자들 불러모아
골똘히 죽은 예술 생각하며
낚시바늘에 숨겨진 입밥 따먹듯 했다

젊은 태양이 하얗게 식어가도
난로에 석탄 부스러기 넣지않고
철저하게 길 들여저간 야행성 기질은
숨길 수 없는 나의 진실, 나의 노예
쓸데없이 늪지대 속에서 나는 나를 따라서
수도꼭지 틀어 둔 채 긴긴날 바라보며 살았다

해 떨어져 어둑해진 논길에

어머니 그림자 허리 구부러진 예순 세날
어릴 적 그분과 들렀던 곳 어디일까
다신 잃어버린 시간 찾아 낼 길 없어
군데군데 삼베이불 때운 흠집보다 섬짓하게
잊어서는 안될 장식 모서리에서 쩔러대니
그런 날이면 언제나 이상도 하지
우울한 술이 목젖에 스며들 때

대금산조를 들으면

대금산조 중에서 진양조를 들으면
풀어 헤쳐진 恨이 일어나
사람이 있어도
사람이 없다고 아우성 치는
외로움 알 것 같다

새가 되지 못했던 알
불꺼진 방안에
단지 누군가 맞이해 준다면
시작과 끝이 있듯이
가을로 들어가는 온전한 눈웃음 있어
올해의 가을도 무사하겠지

무수한 시간
막연히 괴롭다고 해서
매서운 동정의 눈빛 보내지는 말자
달리 마음을 표현할 수 없어
내 자신 못 믿는다면

절벽에서 뛰어내려야 한다

굽은 길에는 이유가 있을까
설레임의 물 긷듯
대금산조를 들으면
기억 저편에서 이리저리
체이고 부대끼던 아픔 자리
거기 숨어 이는 바람소리

남의 말

겨울 바람의 찢어진 사이로
한가닥 초라한 나뭇잎의 의지는
처마 귀퉁이 응달에서 구른다

젊음을 자랑하던
그날의 한없는 푸르른 과시마저
제풀에 눌려
쓰레기 더미에 부대끼고
아궁이 밑불 밝히고
더러는 거리를 헤매이다

조각난 가슴은 가슴인 채로
서리 내린 가지 끝에 남아
우리가 살아왔던 세상이
결코 길지 않더라고
잠자는 새싹에게 이야기 해야만 한다

내가 죽어 화석이 될지

나 죽으면 이승의 때묻은 무명옷 걸치고
어두운 구천을 돌고 돌다가
짚이엉 엮은 사당은 없더라도 새로 생긴
개흙 속으로 넉살 좋게 시벌건 신방 열어
다시 눈부신 한 살짜리 질경이나 독새풀 깨어나듯
꿈틀댄다면 늙은 장터 돌아와
한 잔 주정 캐어 지랄하지 않을텐데

어느 하늘 아래 밤새 흘린 내 땀방울
고까운 비웃음마저 결코 다시는 기웃기웃
이 지상에 설 수 없는 희뿌연 그리움
각자 얼빠진 발자국 찍어가듯 덩그러니
누울 곳 찾아 바람찬 삼부능선 저편 어디
시든 소멸 선택하기 보다는 고운 골격
맑게 다듬어 욱신욱신 뒹구는 숨결
갯펄에 묻어진 화석되어 죽지않는 주검이 될지

3월의 정원
— 내 집 찾기

바람 맞은 세상에서 이웃들 휘청인다
얼어 붙은 골목 오르지 못할 문턱
너무도 길어라 너무나 고달프랴
마흔하나의 운명에 그 멍에를
어슬픈 꽃대궁 같이 묻어 둔 독기
불어나 참기로 했다
어느새 긴 여름해 저물면
순간순간 키운 사랑도 미움도
어린 술잔에 굳이 취하는 걸 어쩔거나
생비린내 나는 현상에 된바람의 구리빛 아픔 뜸 들이고
바람도 달빛도 조용히 떨고 있었다

산다는 것의 무게로
멍든 투정소리 씻어내며
매일 눈뜨기 바쁘게 굴러다닌 셋방살이
짐 부리지 못할 떠돌이나 되어야지
그래도 따뜻했듯이 토큰 하나 덜렁 남기고
종착역 내렸을 때 하나씩 쌓아올린 벽돌조차

발정기 짐승처럼 군침만 흘리던 그날
무엇을 변명하고 무엇을 부끄러워 하랴

올려다보면 산동네의 파닥거림
내려다보면 가난의 거친 발작
아직은 꽃몽우리 없어도 좋아라
계절은 제 갈길을 더듬어 가듯
더 지아비에게 바가지 긁으면 되지
바램은 모습 감춰 부풀릴 그 무엇
낯선 표정으로 먼저 포기하는 것이 순서라면
그렇게 형편없이 부러지는 거지
질려버린 땅이 진리 도덕적인 땅의 역사 위에
당신을 사랑한다는 말
생애 하나뿐인 사랑

저렇게 여윈 도시의 불빛 바라보면
오히려 젊다는 자체를 외롭게 한다
숱한 욕심 바람에 다 날리고

흩어진 어린 숨결 깨워
이름 팔아 값어치대로 싹 틔울 수 있다면
저 출구에 햇살이 있을까
손에 아무것도 없으니
더 열심히 살아야겠지

외면 당한 서러움 집 없는 설움
거추장스레 동행한 호적등본
변명하지 않을란다
자신의 초라함 만치 지샌 불면의 밤
비둘기호에 실려온 산 71번지의
작은 소망 허기진 情
덧문의 떨림이 이따금씩 달래줄 뿐이다

가로등 불빛도 없는 골목에 우두커니 서서
나는 혼자가 되리라
거만한 골목 어떤 장애도 없이 걸어면서
가끔 생각도 했다

그때마다 떠나고 싶었다
하지만 발냄새 향수냄새보다 진한 서로의 발을
베개 삼아 선택한 믿음이 있기에
다시 제자리 지킨 아린 그늘에서
한결 옹골찬 둥지 위하여
외딴 가건물에 비비고 누울 수 있다면
닫힌 가슴은 닫힌 깊이대로
알찬 3월의 정원을 기다려야 하리

먼 하늘에 보슬비 떨어진 그 길로
3월의 정원을 맨발로 거닐 수 있다면
그땐 추억의 새떼들이
가난한 이웃들을 깨우겠지

도라* 오피에서

경기도 파주군 장단면 도라 오피
뽀족한 가시 뒤엉킨 철조망 저 멀리 바라보면
동네 뒷산에 올라 내려다보던 평화로움
우리들 마음 구석구석 산재한 바로 그곳인데
들국화와 각종 야생화 어우러져 피어있는 풀숲
단일민족, 자유왕래, 저 의미는 무엇일까
괴물처럼 녹쓸어 버티어 선 화차와
경의선의 질긴 그림자
총탄에 반쯤 삭아진 철모의 피로한 반점들
주검 진해준 저것들은 누얼 생각할까
무거운 침묵처럼 동족끼리 서로 할킨 산하에
푸른 이끼는 40년을 무심히 자라고 있다.
3년 2개월 지옥의 전쟁 치르면서
앳된 젊음 무의미하게 자해했고
그보다 더 많은 이산가족들이
恨을 안고 살아 가는데
앞으로 버큼을 더 버틸지 머를 앙칼진 이념
낡아빠진 비방방송은 시끄럽게 짖어대니

철조망 너머 지용과 백석은 아무 말이 없다

* 경기도 도라산 삼팔선 경계 초소

死日

어느 그리운 일요일 죽어 버리자
그래 반들한 숫돌을 지키지 못하고
기어온 날들에게 너울너울 장방형
제단을 쌓도록 청하는 거다

아주 아리도록 배고프면 대장간 풀무질 따라
스치는 바람소리 끝, 어디 숯검뎅이 여운도
긷던 물줄기도 그만두고 서두르자 더욱 서두르자

성가시게 꽃향기 피우던 어머니의 줄기찬 애원도
더러 순결한 벗들의 눈동자에 뿜어져 나오는
저 슬프고 마음 아파하는 명주빛 물리친 채
주저말고 야금야금 달을 갉아 먹듯
흔들리는 잠 속으로 비릿한 석류꽃 바라보며
방울져 뒹구는 노여움의 끈들을 풀어가는 거다

서리 내리는 밤 다듬이 울리는 들녘
운석의 끝없는 추락 속으로 몸 태우는 그런 순간

벌거벗은 몸으로 쑥 한 잎 베개 삼아
싱싱한 속옷음 멈추었으면 좋겠다

오,
대지의 수척한 魄이여
천상의 떠도는 魂이여

어느새 발자국 하나가

어제까지 수업을 같이 받았는데
오늘은 무얼하고 있을까
갑자기 병이 들었나
아님 혼자 여행 떠난거야, 자식
집에 전화라도 해봐야지

동사무소에선 애국가 소리
바쁜사람들 물결 위에 붙잡아 두고
태양 가라앉은 유리벽 속으로
동전 두 닢 사라져 간다
-, -, -, -,
이슬 먹은 목소리에
녹슨 쇠창살 번득거리고
단단히 거미줄 쳐진지 오래 됐지만
순한 날들이 이젠 긴 잠 잔단다

머리가 뻑뻑하게 데워지면 잠결인 듯
여윈 어머니 뒷모습

젖은 불빛에 흔들거린다
기쁨 조금만 낚아 챘더라도
내 가슴 문 열고 들어가
고분고분 오래 물어보고 싶었으나
"마냥 기다려 주십시오"

멀다
떨어져 있는 자리와 의미
시간이 좀 먹는 간이역에서
어느새 발자국 하나
거짓말처럼 떨고 있다

아버지 산소를 돌아보며

오늘은 무슨 날이길래
하늘 쳐다보기가 이다지도 부끄러울까

장독대에 투덜대는 무진장 싫은 파리떼
소꼴 냄새 역겨워 재채기 쌓이면
북대기가 진눈개비 흩뿌리듯 쏠린 마음은
조금씩 미치기 시작했다 시체도 일어나
일손 거드는 농번기에 벌렁 나자빠져서
공상 따먹길 하자면 아버진 차마
욕설은 못히시고 애꿎은 문지방만
쇠스랑으로 내리 찍으셨다

뒷집 면장 어른의 껄껄한 면도소리에
파묻어 둔 긴장은 꾀죄죄한 창틀 너머
잔뜩 인기척하여 뒷짐진 의지를 꼬시고자
날궂이 쳐대니 괴로움 마감이나 하듯 깨어진 새벽
어린시절 돌다리에서 바라보던 그 강바닥 목졸라 둔 채
목탄기차에 얹은 24시간의 어정정한 하늘로

빨래줄의 그리움은 너무나 까마득히 추락하고 있었다

한모금 담배연기 속으로 미끌려간
생소한 뿌끄러움은 아니라 해도
후회의 살구꽃은 무수히 떨어지고 있다
이젠 홀몸도 아니라서 아무렇게 살 순 없는데
벼이삭 사이 걸쳐진 거미줄 따라가듯
셋방살이 길은 내 슬픔 내가 알 뿐
어쩔거나 아버진
군불 지핀 방고래에서 영영 못일어나시니
발버둥친 세월동안 손꼽아 기다린 환갑날은
쑥대밭에서 허늘거린다

벙어리네 아들은 둘이나 약사가 되었고
구반장 장남도 소령이라 칭찬이 자자한데
난 허물어진 마굿간에 꼬꾸라진 뉘우침
이제 남은 건 그것 뿐인가
뱉아낼 것이라곤 뼛속까지 기어든 돌팔매 느낌 뿐

익숙한 추석은 성큼 밤나무 길로 마중나와

한 손에 술병 들고

다른 손엔 낫 챙겨 산소로 향하면

느닷없이 뻗어나는 어렴풋한 되새김질

시어 만들기

살얼음판 거닐며
속투정 삭혀내던
너의 젖무덤 파헤쳐

바람 사이에 굳은
허튼 나부랭이 모아
밤새 불길에 녹이면
고드름 맺힌 시어 하나
끝없이 추락하고 있다

들킨 어지러움증으로
밤마다 유리벽 부수고
소태를 퍼마신다

움

자리는 어디나 있다

방울 이슬
속살 깊이 파고드는 그 어디쯤
침묵은 한 발짝 돌아서고

여기저기 돌틈 밑
좁은 공간 부풀어진다

채색 시대

숨소리 고른 계절 맞이하면
자연에 그을린 촌년
도시 숲 속 헤매인다

생소한 공간에서 조심스레 그려본 립스틱
가끔은 다른 색깔 다른 모양으로 조심스레
손톱 끝에 칠해본 메니큐
알면서 진작 쓸어버린 습성 그 나머지
시간 동안 왠지 모를 기쁨 한 자락
변변히 얻지 못하고 땀내 눈물내 뒤에서
이골나게 달래던 화장기법

흔들리는 열여덟 생리 떨군 자리에 비개인
오후의 화사함처럼 가장 낮은 곳으로부터
구정물 냄새 햇살 일그러진 햇빛에
역겨움 쥐어짜기나 하듯 아무런 부끄럼 없이
질서를 이탈한다면 오히려 한 겹 한 겹 살다 남긴
양파껍질의 묘함처럼 이제라도 도시의 여자 될 수 있을까

장승이시여 당신은 알 것 이외다

당산 마루 고갯길
한없이 무거워지는 체온 그대로
어슴푸레 장다리꽃은 뜨거운 이끼처럼 자라
옛날부터 앓아온 두드러기증을 쏟아 붓는다

호롱불 온기는 대청마루의 그리움 같은
미운 그리움으로 반점 투성이 형광등 불빛에 있다
이제 고향 잃고 어디서 나뒹굴지 몰라
온밤내 담배 피워 방안가득 안개꽃 피우고
아직 여물지 않은 손사 사무넘에 끌어내
쉰 목소리로 뿌리뽑힌 삶 당부하며
침묵의 회초리 자국 남긴다

마른 시래기 풀풀 날리는 뒷걸음 친 거리
눈안 가득 흐린 빛깔 쓸어모아
목젖 돋도록 조상네들 부르다
차마 스스로 목 매달지 못하고
저 남새밭에 부추 자라거들랑 부추김치나

실컷 먹었으면 원도 한도 없다던 그해 늦봄

모든 민요풍의 씨방들이여 얄팍한 믿음의
목발 버리고 이젠 덜퍼진 따끈한 보리차나
오래 저장해둔 국화주 내다
허름한 그리움 돋구게나

저문 날 돌아보며

1.

지산동 아파트 공사장에서 만났던 서씨 어른
그분은 전쟁의 생채기 몸으로 끌려 다니다
영영 사회에 길들여지지 못하고
무능한 군더더기 습관 도려내며
8층 베란다까지 현기증 몰고와
희뿌연 안개도시 등지고 돌아누운 채
그리고 아무말도 하지 않았다

2.

불행한 이웃들의 언 땅
곡괭이 찍어도 안 들어가는 가난
집안 상일꾼 못 미더워
내쫓기듯 벗어난 그을음 낀 오두막
흙바람 핑계 삼아 촌뜨기 냄새 닦아내며
6·25 전쟁 이전에 입대했단다

>

색바랜 깃발 춤추던 전쟁통에서
시린 살 풀어 헤치고
학도병 이끌며 민둥 산하에 피 뿌리던 날도
싸늘한 밤공기 속으로 별은 빛났고
구더기 우글거린 시체 뒤집어쓰고 겨우 살아
진영 찾아 헤맨 보릿대의 껄껄한 공간도
초승달은 속임수 쓰지 않았단다

등받이 반쯤 크리스마스 밝아 오려던 날
새로운 목적으로 하달받은 전령은
민간인으로서의 정보, 첩보 명령
장판 바딱 덮인 압록강 건널 적에
매잘당한 빙판 조각은 살점을 쑤시고
누빈 벙거지 옷자락으로
당돌하게 고드름이 서걱거려도
버림받은 장정은 당당했단다

1·4 후퇴로 연락 끊어진 상태에서

살아 돌아가기 위해
빌어먹을 정도의 머슴살일 했지만
가슴엔 폐허로 고개 돌리지 않았고
깜박거리던 호롱불에 향수로 짜낸 기름은
봉화처럼
붉은 옷고름처럼
물들인 손톱처럼,
광도 높게 매달려 있었단다

3.

낚싯줄에 매달려 찾아온 만주 포로교환
여름 햇살 속으로 사단본부에 갔던 건
뒤끝과 함께 이젠 날려버린 15년 세월
무던히 버티어 산 벅찬 날들은
형지의 얄궂은 운명의 쓸쓸한 감탄일 뿐

그날 돌아와 살 맞댄 여잔

서로가 부부이면서
정을 확인할 수 없는 서먹함
다시 긴 삶을 챙기기 위한 발버둥도
초가을의 쌀뒷박으로 헐리었다 모질게
어디서 뭘 할 것인가
밤새도록 술자리 이야기 늘 그렇듯이
안 해도 좋은 말
없어도 그저 그런 얘기처럼
조그만 몸 누일자리 없는 현실에서
겨우 늘어지게 할 수 있는 방도란 게
막노동뿐

4.

창밖으로 밝았다 어두웠던 어수선한 기억
몇 번이나 흘러올까
침침한 눈동자 사이로
허연 백태 갈수록 자라

한쪽은 전혀 볼 수 없는 백내장 증세
일흔 밥 배속엔 텅빈 공복감 어쩔거나

그날 에망(M1)소총 걸머지고 출정했던 사람들
맺힌 한을 발설하지 못하고
이제는 해묵은 먼지 털어내듯
묵묵히 죽으면 그만일까

장씨 어른

궤작에 쭈그러진 명태들의 눈빛
바래진 명태를 볼 때마다
난 피 뽑힌 해부실 장씨 어른 생각난다
담을 이웃해 살던 그의 어덩벙함 뒤에는
남들처럼 아웅다웅 다툴 자식도 처도 없이
세 끼 밥을 담배로 이어온 푸념살이
어머니 품속에서 잠든 낮은 지붕 아래
어디 깊은 가슴앓이 욱신거리던 분비선
보호자 없어 화장비 몇 푼에 팔린 피조물
실습 때마다 장씨 어른 못지않게
비곗살 많다고 천대받는 아줌마의 가녆스런 혈관
멋 모르고 화들짝 떠밀려온 처녀의 씁쓸한 끝
그들도 예전에 힘겹살이 살다 지쳤겠지
가난한 주검 악착같이 사기치고 공갈이나 때릴 걸
이해할 수 없는 세상,
돌이킬 수 없는 세상

統一의 길

이 땅에 왔던 낯선 아버지가 딸들에게
떠날 때 건내 준 두려움과 설레임
손자가 할머니 품에 안겨 깨어난
불완전한 시대의 분칠한 평화
그들은 사무친 한을 보석처럼 묻어 두었다

물꼬 넓히기 위해 한 곳에 모인 젊은이들
줄기차게 우리 위한 우리 외치며
통일 그리워 뜬눈 지샌
머줄 팅겨진 만도에서
원시적인 맨발로 맞서
나팔불며 앞으로 나아가지 못하고
뒤로 물러설 수 없는 오늘
길바닥에 제 그림자 흘려 버리듯
속으로 딱정이만 쌓았다

물론 너무 서둘렀는지 모르겠지만
또 가야할 길 멀고도 멀다

하고자 할 때
각자 양심 헹궈 스스로 원하는 대로
뿌리내려 디딘 만큼 건지려는 건
정말이지 허술한 기다림의 세월일까

이 땅에 내린 봄

너를 보면 눈물이 난다
어쩌다 너를 품으면

더 가릴 곳 없는 무논위로
그의 나이 서른 하고도 두 해
내내 잠을 청하지 못했다
시간 빠듯한 시골살이 여가에
순간의 꿈과
못 뿌린 씨앗에 대한 딱한 복선
생명 있는 것들은 모두 세살 부빈다
저 테두리 안 역설적인 이탈심리 만큼이나
큰 소리는 크게 낼 줄 알지만
아픔 또한 기쁨의 보석
되도록 바람구멍을 막았다

풍물따라 뒹구는 세상의 역성조차
무서운 세상 앞의 허망함일까
가슴 벅찬 시작부터 맵찬 노린네에 장돌처럼 차이고

애꿎은 아카시아 도끼로 찍어봐도
재 너머 밭뙈기 하늘 덮어 이젠
어떤 빛깔 입쌀을 꿈꿀 것인가
기다리다 지친 눈가에 봄 오고 다시 봄이 와서
새로이 향기 뿜는다 해도
더는 이 땅에 지킬 게 없다
앞으로 무엇을 뿌려야 할건지
자꾸만 흉측한 졸음이 온다
푸르른 향기 넘치는 이 봄날에

그리고 부서진 꿈에 관하여

바람 맞은 한 사내가 있었다
한줌 행동조차 싱거운 터라
뒤틀려 감당하기 버거운 날에도
쉽사리 물러나던 사내
세상 따라 변화되지 못한 만큼
이 땅에 살아있는 동안 내내
가슴, 저 까만 눈동자 깊이
갈등 해즙이 뿌렸다
농자가 중심이었던 시절
참으로 시는게 무잇인지
조용히 가슴으로 전하던 그 뜨거움
그러나 모든게 침묵이다
이제 봄 이라는데
내것 아닌 허한 벌판에서
어차피 꿈꾸듯 혼자인 세상
덜 깬 햇살같은 이슬에 젖고 젖은
벼랑만이 보인다
흔들리는 불빛너머 골방문 열면

머릿기름에 반질해진 베개 하나 뿐인 재산

번갈아 품어야 했던 꿈들 앞에

절대적 고요 지금도 그에게는 필요할까

그대 잠든 산마루턱에 비는 내리고

아카시아 향기 흔들리는 노을역에 서면
다 말라버린 진이 생각난다

미로 가득 잠겨있던 헝크러진 시간들
잽싼 불길로 멋지게 일어나
참신하게 부각된 설레임에 다가가면
대부분의 남자와 여자들
정말 다 이루지 못한 아쉬움 모아
들꽃에 실어 보내며
가슴에 싸늘하게 얼려둘까

산이 말없는 가운데 회색 물감 칠하면
그대 잠든 산마루턱에 비는 내리고
누군가 오고 계신지
가슴 귀퉁이에 외딴 섬 하나 만들어 놓고
흠집 생긴 사과 버리듯이
졸음인 과거의 한 부분에
한번 정도 새로움에 부딪히고 싶어
거짓 사랑법을 다시 꾸려 챙길까

서포 가는 길

밀물 드는 저녁 무렵
축축한 아픔투성이 지우기 하듯
씩씩대며 눈이 내리고
아무도 넘겨다 볼 수 없는
고요 뒤로 구분없이 얽혀드는 세월의 풍경
깊은 어둠에서 풀려나 두런거린다
다행한 일일까
뒷골목에 풀어버리지 못한 어렴풋한
서른 두 해의 자욱함 마다
어울릴 수 없는 나름의 흥분으로
내가 널 찾아 정말 왔더라면
봄 여름 가을 그리고 겨울날 허기
여기 닿기에는 너무나 숨 차다
갯벌 저멀리 전설적인 가락 쓰러뜨린
자신 속의 나
솔직하게 왜 버렸는가 반문해 본다
새로운 기대로 이 세상에서 발악했던 모든 실상
분주한 거리 땀내는 있는 데 빛깔은 어디

둘러봐도 없다 몇몇 생존에 그렇게
무너지면서 궁금증 피우던 상황조차
세상을 앓은 야성과 잠 들었던 걸까
가만히 흰꽃밭 속에 하나뿐인
검은 그림자 눈을 감는다
울렁이던 수치심 감추기 위하여
가방을 베고 벌렁 누워본다
눈이 쌓인다
자신이 끌던 신발 밑에도
낯선 방언 묻어있는 외지인의 옷소매에도
어제와 다른 눈이 쌓인다
그리고 피와 살은 피곤한 꿈을 꾼다
(강한 손바닥으로 업을 지킨 아버지의 바다
 내 야윈 어깨로는 배겨 낼 수 없어
 혀 깨물며 쫓아버린 갯벌)
태어날 때부터 한 몸이 아닌걸까
몸에서 잘라낸 변절의 양 만큼
도시 찌꺼기 밀려와 방파제 때린다

밀물 드는 저녁 무렵
새삼스레 그리움의 꽃 피우면 무엇하리

그댄 떠나가도 난 떠날 곳 없다네

거리에 빗어내린 잔햇살
진홍빛 커피보다 더 한층
먼발치 피어난 가슴 저밈
잡힐 듯 잡을 듯 헤매이는 호랑나비처럼
그대 이 순간부터 있음으로 해서
하루가 길게 와닿게 될
첫 만남

서로 남모르는 인연
주인없는 빈 배 점찍은 나루터에
봄여운 곱게 밤 깊도록 떨리는 몸짓
너와 나 감미로운 이야기
산사의 새들은 울어 제치며 시기해도
가늘게 마주잡은 손마디 사이로
아늑한 만남은 시작 되었다네

단둘이 흙먼지 일어나는 들길 거닐며
바람결 꾼꾸던 우리의 몸부림

불현 듯 찬란한 동백꽃 피우고
나도 모르게 입가에 주름 지우며
하늘 위로 던진 어슬픈 고백
단지 그것만으로도
흥분되고 긴장했던 것을

한번 짧은 말다툼
흔들리는 갈대 끝에 걸리고
창가에 비친 모순된 순수
이제 작은 가슴 흔드는 실강아지
서운한 입김 내뱉으면
지울 수 없는 상처로 다가와
홀로 그 밤 못잊었다네

오늘 당장 떠나고 싶어도
항상 가까이 하고싶은 안타까움에 발묶여
떫은 만남은 몇 주째 이어지고
즐겁지 않은 손짓

어슬픈 행동으로 잊어주기 바라던
옹졸한 객기
끝내 홀로 남은 공원에서 술을 쏟아 부었다네

그저 말없이 떠남은
가장 천박한 정으로 오인하여
조락의 자기 합리화에 말이음표 달지만
다음날, 또 그 다음날도 덩치 큰 풍물따라
안타까이 더는 부여잡지 못한 채
바람결에 또다른 아픔만 에건 하였디네

새하얀 눈이 내릴 때면
아껴둔 기쁨 한동안 두레박으로 퍼 올리고
그래도 으깨어진 슬픔 배이면
차가운 유리창에 머리 기대어
가라앉은 나의 처음을 되내이다
라이타 켜들고 먼지 낀 일기장 들추면
다 따내버린 과수원의 횅함

왜그리 누추한 발작이었던지

마름버짐 같은 그리움 비가 올수록
그대는 깊숙이 파고들어
결코 사랑일 수 없는 역겨운 미련
이름없는 어수선하고 가파른 거리에
각자 휘말려 헐어터진 무덤 만들고
미처 다 찢어버리지 못한 노래
늘상 눈동자에 갈매기만 어른거린다네

하지만 그대는 떠나갔지만
난 떠날 곳 없다네

이방인의 꿈

이 겨울 지나면
우리들 가슴가슴 다 비운 사랑
살포시 피어나리까

내 작은 앞마당에 꽃씨 뿌리면
저리도록 멍든 조각들
차츰 녹으리까

들풀처럼 언제나 변함없이
은은한 종소리 간직한 그대의
아프고 배고픈 외로움
얼룩 많은 슬픔이더라도

표정 잃기 지루한 웃음
온몸에 번져갈 그날까진
소복 같은 아카시아 꽃잎으로
차분히 살도록 하자

\>

보다 벅찬

사랑을 위하여

그 해, 스물다섯

그 해, 갈매기의 하얀 날개
하얗게 부서지는 파도
해맑은 그 가슴 사이로
우리는 들뜬 야생마였지
억센 갈기 휘날리던
스물 다섯 나지막한 꿈과
늘린 웃음 위의 모래
그곳엔 여름날 간지런 사랑 자라고
해풍의 향기는 그리움 되어 떠돌고

운명 그리고 헐직한 생존들

가족이 고깃덩어리 둘러싸고
신음소리 새어나지 않았던 섣달 그믐 그 시절
부글부글 끓는 기복만으로도 정말이지 행복했다
그러나 꿈 한번 잘못 꾼 운명의 기찬 놀림 아래
제 마누라 새끼들 사슬에 매어 떠나보내고
어느날 저녁 홀아비는 무덤쪽으로 발길 돌렸다

얼마전 끊을 수 없는 희생 때문에 저 파란
그의 가슴에 줄기찬 증오와 끈질긴 서러움
잘못했던 잘했던 여우가 무덤 파헤치듯
성격은 뒤집힌 게 아니지만 생존의 울 안에서
왼종일 구덩일 파야했다 속으로 흘린 눈물만큼
고통이나 공포의 흔적이 자신에게 이끌린 이 밤
저 가슴에 새로운 믿음의 즙액이 눕혀질 때까지

끝말

끝말

편집 감수 : 손익태 시인

2022년 한국 장애인 문화재단 지원금 수혜
2022년 시집 『모난 것은 살아있다』(도서출판 지혜)

故 윤석기

그는 1995년 8월 어느날 부산 성분도병원에서 위암으로 사망했다. 당시 나이는 32세로 대구 계명대학교 한문교육학과 대학원 석사 논문 심사 과정 중 병사했다.

사망 경위는 "좁쌀 크기의 암세포가 위벽 전체 퍼져 손 쓸 수가 없다."는 담당의사 진단 소견이 있었다. 그 당시 의술로는 불가항력이었다.

대학 생활은 수성구 대구한의과대학교 주변 하숙촌 한의대생들과 3명 정도 한 방에서 자취하면서 경남 사천시 곤명면 금성리 71, 덕천강변 고향에서 농사짓는 백시가 매달 10만원 정도 보내주는 생활비로 전체 방값 10만원, 3인 합숙 중 5만원 제하고 빌린 돈 갚고 나면, 빈손이거나 1-2만원 남으면 한 달 동안 신세 진 친구와 하루저녁 술 한잔하고 나면 다음 날부터 거지꼴 되어 여기저기 빌어먹고 다녔지. 빚이 많은 달은 며칠 건설노가다 해서 청산하면서 대학과 대학원 생활을 자그마치 5-6년, 그래도 캠프스 낭만과 취미를 위해 시 습작하면서 아마추어 문학동아리 "언어와 시각" 창립멤버(1989년 겨울, 대구 문화동 시인다방)로 고인이되신 지도 시인 박곤걸(영남공고 교장) 시인의 무료 강의를 들으며 필자도 함께 시를 공부했다. 고인은 음악도 좋아해서 클래식 카세트 테이프는 백여 개 되었다.

 누렇게 찌든 구멍 난 런닝입고, 대구 수성구 이천동에서 내가 사는 남산동 부속 골목 한 시간 정도 걸어서 폐 한쪽 없는 장애인 집까지 걸어서 와서는 둘 다 가난 하지만 그 시절 유명 시와 노래를 읊조리며 형편껏 먹고 놀고 자고는 위장약까지 사서 한 통 나눠서 복용하면서 내가 일하고 오면 알아서 사라지는 사람. 그런 그를 아무도 미워하거나 싫어하지 않았다.

 석사 논문 심사에서 두 번째 탈락하고 실망한 고인은 1994년 그

해 늦여름쯤, 고향 진주에 사는 선배한테 연락이 왔다. 진주에서 사무실 차렸는데 좀 도와 달라는 말 듣고는 하숙집 짐을 정리해서 여러 친구 집에 나눠 보관하고는 나의 집에도 2박스 짐보따리 맡기고는 바로 진주로 내려갔었다. 그해 겨울지나 음력설이 다가오면서 그에게서 전화가 왔다. "형님이 나눠주던 위장약 시메티딘제 사먹었는데도 계속 속이 아프네요?" "이 사람아 그러면 병원에 가서 진찰해 봐야지" "알겠습니다" 명절 인사 겸하면서 전화 끊었는데, 두 달쯤 지났을 때 전화가 왔다, "형님, 나 위암이라 해서 부산 분도병원에 입원했습니다" 했다. 청천벽력이었다. 그때가 1995년 3월 쯤 이었다. 진주 내려 간지 7-8개월 쯤 됐을 것이다. 면회 가보니 좀 야위었지만 그다지 병색은 나지 않았다. 두서너 달 후 6월 말쯤 면회를 가보니 형편없는 몰골이 되어 누워 있었다. 모친이 간호하고 있었는데 모친에게 몰핀 놔달라고 행패를 부리고 있었다. 몇 시간 전에 맞았는데 또 맞고 싶다며 모친에게 대들고 있었다. 바로 그날, "언어와 시각"동인 조해자님과 함께 면회갔을 때, 유언처럼 건네받은 시첩(『덕천강의 노래』)인 것이다.

이 글을 쓰는 필자는 같은 해 5월 27일 날 결혼식을 올렸다. 배속에 아이를 잉태하고 식을 올려서 신혼 생활이 정신없을 때, 부고가 왔다. 정신없이 내려 가보니 문학동인은 나 혼자였고 자취하던 한의대생 2명과 그리고 모친, 형님 내외 정도였지 싶다. 사망 시는 1995년 8월경, 부산시립 장례 공원 영안실에 안치했다.

그 후로 문학을 그만두고 가정과 생계만을 위해 살았다, 이십여 년의 모자란 세월이 흘러 대명동 카톨릭문화관 뒤편의 한옥을 팔고 동촌유원지 쪽, 낡은 한옥으로 이사하기 위해 짐 정리하면서 고인의 육필 원고를 박스에서 찾았다. 다른 책들은 고물상 쓰레기로 보내면서 고인의 원고만은 버리지 못했다.

"고인이 죽어가면서 건네준 원고 뭉치를 어떻게 태울 수 있겠습니까?" 청춘의 한 때, 겁 없이 불태운 낭만의 재를 이제 털어내고자 용기를 내었습니다. 변명은 하지않겠습니다. 모두가 필자의 불찰입니다. 몇 년 보관하다가 출판 능력 없으면 고인의 가족에게 전달해야 했음인데, 그 후 2022년 9월 필자의 첫 시집 『모난 것은 살아있다』를 출판하면서 양심의 가책을 느껴 민지 속 원고를 인터넷 좌판으로 필사하기 시작했습니다. 그 시간이 일 년여 경과하는 동안 몸이 아프기 시작했습니다. 몇 번 죽었다 살아나고 하면서 더욱 부채를 느꼈습니다. 이제 어느 정도 몸이 회복되어 미안하고 죄스런 마음으로 입을 열어 세상에 고합니다.

육신의 무덤은 30여 년 전 불에 태워져 흙으로 사라졌지만 이제 영혼의 무덤은 이 시집(『덕천강의 노래』) 속에 고스란히 살아 세상으로 풀어 보내려 합니다.

다시 한번 故 윤석기 시인과 그의 가족 친지에게 사죄드리며 늦게나마 유고 시집으로 묶어 고인이 나고 자란 고향의 시(『덕천강의 노래』)를 덕천강에 흩뿌려져 고인의 혼백이 강물에 융화되어 질편한 서정의 거름으로 애향 애민의 정신이 누누이 꽃 피었으면 하는 바람입니다.

2025년 9월 25일

김천 刪詩齋에서

편집 감수인 손익태

윤석기 연보

윤석기 연보

1963년: 경남 사천시 곤명면 금성리 71번지(현 수몰지역)
　　　　부: 윤종수, 모: 이봉순의 6남매 중 막내로 태어남
1976년: 완사 초등학교 졸업
1979년: 곤명 중학교 졸업
1982년: 곤양 고등학교 졸업
1983년: 대구 한의과 대학교 한문교육학과 입학
1985년: 대구 한의과 대학 2년 여름학기 휴학
　　　　(현역군 입대 30개월)
1988년: 대구 한의과 대학 2년 가을학기 복학
1989년 12월: 대구 동문동 시인다방 '시창작 교실' 수강
　　　　　　(지도 시인: 故 박곤걸 시인, 영남공업고 교장)
1990년 2월: '언어와 시각' 문학동인 결성
1991년 2월: 대구 한의대학교 졸업
1991년 3월: 대구 계명대학교 대학원 한문교육과 입학
1993년 6월: 계명대학교 대학원 졸업논문 1차 심사 탈락
1994년 6월: 계명대학교 대학원 졸업논문 2차 심사 탈락
1994년 8월: 경남 진주, 선배 사무실 개업 도움요청으로 내려감
1995년: 음력 설지나, 위암 발병 확인
1995년 8월: 부산 성분도 병원에서 사망

故 윤석기

故 윤석기 시인은 1963년 경남 사천시 곤명면 금성리 71번지에서 출생했고, 1992년 대구 한의과대학교 한문학과를 졸업했다. 1992년 대구 계명대학교 대학원 한문학과에 입학했고, 1995년 8월 대학원 석사논문 과정 중 위암으로 사망했다. 1990년 대구 아마추어 문학동인 '언어와 시각' 동인으로 활동했고, 박곤걸 시인으로부터 무료 시창작 강좌('시인다방', 대구 문화동)를 들었다.

『덕천강의 노래』는 윤석기 시인의 유고시집이며, 그의 고향의 역사와 전통과 그 한을 노래한 장시집이라고 할 수가 있다. 제1부는 장시「덕천강의 노래」이고, 제2부는 그의 유고작 44편을 실었고, 발문으로는 그의 유고시집을 보관해 오다가 정리한 손익태 시인이 맡았다. 이『덕천강의 노래』는 전적으로 손익태 시인의 아름다운 인성과 그 우정의 산물이라고 할 수가 있다. 윤석기 시인의『덕천강의 노래』는 사랑과 우정으로 흐르고, 영원한 불멸의 역사를 향해 흐른다

윤석기 유고 시집
덕천강의 노래

발 행	2025년 9월 29일
지은이	윤석기
편집감수	손익태
펴낸이	반송림
편집디자인	반송림
펴낸곳	도서출판 지혜, 계간시전문지 애지
기획위원	빈경환
주 소	34624 대전광역시 동구 태전로 57, 2층 도서출판 지혜
전 화	042-625-1140
팩 스	042-627-1140
전자우편	eji@ji-hye.com
	ejisarang@hanmail.net
애지카페	cafe.daum.net/ejiliterature

ISBN	979-11-5728-587-7 03810
값	15,000원

이 책의 판권은 지은이와 도서출판 지혜에 있습니다.
양측의 서면 동의 없는 무단전재 및 복제를 금합니다.